〝出会い〟が人生を創る

〝自分の人生〟の物語を紡ぐ

立元 幸治

展望社

〝出会い〟が人生を創る

〝自分の人生〟の物語を紡ぐ

立元幸治

はじめに

毎年暮れが近づくと、その年に逝去された人々へのメディアの追悼番組や特集記事が多く編成されます。年々、記憶に残る多くの人が旅立っていきました。いずれもひとつの時代を創った人々です。

そんなテレビの追悼番組や新聞の追悼記事を読んでいて気づいたことがあります。それは、それぞれの人々に、その人生を彩り、影響を及ぼした出会いがあるということです。一つの出会いがその人の生涯を決める重要な契機となったり、あるいはもう一つの新しい人生への転機となったりするのです。

井上靖にこんな文章があります。

> 自分が歩んで過去を振り返ってみると、何とたくさんのすばらしい一生に一度の出会いがあることか。
>
> 人間にしろ、美術品にしろ、言葉にしろ、所詮はみな出会いである。
>
> （以上、『わが一期一会』）

私事ながら、私もまた数多くの出会いを重ねてきました。プライベートな経験とともに、テレビや出版や大学教育という仕事に関わる中で、多彩な人物たちとの出会いを経験してきました。また、一連の拙著の中で『霊園物語』や『墓碑をよむ』などのシリーズや『デュオする名言』などでは、まことに多くの人物を取り上げ、さまざまな関係者に取材しましたが、あらためてその人物たちや、紙幅の関係で割愛した多くの人物たちの関連資料を渉猟してみると、実に多彩な出会いの人生が浮かび上がってきました。そこには心に深く届く感動の物語や滋味あふれる人生模様がありました。

井上靖も語っていたように、まさに〝人生は出会いだ〟〝出会いが人生を創る〟という感懐に浸ることになりました。そしてその出会いは、人との出会いに限られるものでなく、モノであったり作品であったり、あるいは言葉であったり機会や事件であったりしました。

そこで、これまで書いてきた著作や紙幅の関係でとりあげられなかった人たちの分を含めた膨大な資料のほかに、新たなリサーチや取材を加えて、〝出会い〟を切り口にさまざまな人間の物語を探し、綴ってみることにしました。

幾つかの例を挙げてみます。

アウトローのヒーローから国民的大スターへという鮮やかな転身を見せた高倉健、そしてかつて青春物語や任侠映画のスターとして圧倒的な人気を誇り、その後『男たちの旅路』や『シャツの店』などのテレビドラマで新境地をひらいた鶴田浩二、それぞれの人生の節目に、監督山田洋次、シナリオ作家山田太一との出会いがありました。

映画監督小津安二郎、黒澤明、それぞれの作品に不可欠の存在であった俳優の笠智衆、志村喬、これら監督と俳優との出会いと篤い信頼関係も深い感動を誘います。

斎藤茂吉と吉井勇は、ほぼ同時代を生きた日本を代表する歌人ですが、吉井によれば「交友縷《いと》の如し」という細い、しかし強い縁で結ばれた二人でもありました。

禅を欧米各国に紹介した世界的な仏教学者鈴木大拙と、禅などの東洋思想と西洋哲学を統合し、「西田哲学」と呼ばれる独自の哲学を構築した西田幾多郎、この二人の碩学は旧制四高以来の心友でした。その出会いと交友、素顔の人間像も感動を呼びます。

菊池寛が創刊した「文藝春秋」を有数の総合雑誌に育て上げ、伝説の名編集長と謳《うた》われた池島信平は、その交友の広さでも知られています。その中の一人、今日出海の言葉が印象的です。

「男は時には気が滅入ることがあるものだ。そんな時、綿々と愚痴を述べる奴は男とは申し難いが、しかしそれでも滅入ったりした時、酒か友が欲しいものである。池島信平はかかる場合に欠かせぬ友として誰からも、先輩同僚後輩からも慕われる因果な性分を持っていた」

人との出会いを大切にしていた池島の交友と人柄を物語る象徴的な証言です。

かつて東大総長をつとめた矢内原忠雄はある講演で、「人間の一生は神の結び給い又導き給うところでありまして、考えて見ますると、内村（鑑三）、新渡戸（稲造）両先生なくしては今日の私は無かったのであります。……内村、新渡戸両先生は私にとりては太陽の如く月の如く、父てくるとともに、出会いというものの大切さを物語っています。敬愛する師に対する矢内原の溢《あふ》れる篤い思いが伝わってくるとともに、出会いというものの大切さを物語っています。

出会いはただ人との出会いに限りません。事物や自然、機会や事件など、さまざまな出会いがその人の人生を彩っています。

たとえば西郷隆盛について語られるとき、どうしてもその輝ける時代、激動の日々に重点が置かれるのは止むを得ないところです。一方、この「光」の時代、「動」の時代に比べて、西郷が歴史の表舞台から退いていた、いわば「陰」の時代、「静」の時代は西郷にとっては大きな意味を持つものでした。たとえば二度にわたる南島での体験は苦難の日々ではありましたが、その流島体験が西郷の人間形成、思想形成に大きな意味を持つものとなりました。本書では西郷の南島（沖永良部島）との出会いとそこでの思索の日々を見つめます。

H・D・ソローの『森の生活』は、ソローが人里離れたウォールデン湖畔の森に出会い、そこで二年あまりの生活を送った日々の記録です。彼はそこで四季の移ろい、人事、そして時代や文明を透徹した眼で眺め、記録しています。その独自な経験の中から、実在を見失い、虚栄と虚妄に狂奔する人々や時代精神を批判し、生きることとの意味を問いかけています。

『さらば愛の家』（プッチーニ、歌劇『蝶々夫人』）『舟唄』（オッフェンバック、歌劇『ホフマン物語』）『スワニー河』（フォスター）『サンタ・ルチア』（コットラウ）などの訳詩や作詞・作曲、そして音楽評論家、オペラ演出家として知られる堀内敬三ですが、その堀内が、アメリカのミシガン大学や名門MIT（マサチューセッツ工科大学）の大学院で学んだ技術エリートであることはあまり知られていません。これらの大学とその所在地であるシカゴやボストンとの出会いが、堀内の人生に大きく影を落とすことになるのです。

また、日本の代表的な心理学者で文化庁長官も務めた河合隼雄氏が、理学部数学科（京大）の卒業であることはあまり知られていません。臨床心理学、ユング心理学にとどまらず数多くの日本文化論や日本人の精神史などの著作でも知られている河合氏だけに、その方向を決定づけたものは何か、どんな出会いがそこにあったのかは興味あるところです。

徳川夢声、東野英治郎、渥美清、そして森光子ら時代を創った名優たちと、語り継がれるその名演（『宮本武蔵』『水戸黄門』『男はつらいよ』『放浪記』）との出会いもまた興味津々です。

大宅壮一は、旧制中学時代にあの歴史的大事件「米騒動」に遭遇しています。この事件との遭遇は、後のジャーナリスト大宅の強烈な原体験となりました。

山本周五郎自身が苦難の時期に励まされた言葉があります。その言葉との出会いによって周五郎はこの試練を乗り越え、それはまた周五郎の人生の指針となりました。それが、スウェーデンの作家、J・A・ストリンドベリイの言葉です。周五郎にとってストリンドベリイは人生の師であり、かけがえのない人生の伴走者であったのでした。そのストリンドベリイの言葉とは何だったのか。

放浪の俳人といわれる山頭火ですが、実は熱心な読書家でもありました。その読書はきわめて広範囲に及んでいますが、その中で山頭火が、独り居の思索と暮らしの日々を綴った作品を残したG・R・ギッシングやH・D・ソローに関心を寄せているのは、なかなか興味深く思われます。山頭火はギッシングの『ヘンリ・ライクロフトの私記』に強く惹かれ、ライクロフトの生き方にいたく共感し、そこに自分を重ねながら読んでいます。「彼は私ではあるまいか」というまでに自身を重ねながら読みふけったのでした。それはしばしば読み返される座右の書となり、まさに、かけがえのない人生の伴走者となったのでした。

アカデミー賞候補となったアメリカ映画『アバウト・シュミット』の主人公ウォーレン・シュミット（実在）は長年の仕事からリタイアした直後、妻の死に遭遇します。仕事そして家族、そのすべてを一瞬にして失ったシュミットは、これまでの自分の人生とはいったい何だったのか、自分はこの社会に何を残したのかと自問しつつ、深い孤独の闇に落ち込みます。そんな折、遠く海を隔てたアフリカの恵まれない少年ンドゥグとの、奇縁ともいうべき出会いが訪れます。その出会いと感動が、シュミットを新たな生きる意味のある人生へと誘《いざな》います。

アメリカのジャーナリストで、「世界で最も影響力のある100人」にも選ばれたアリアナ・ハフィントンが、ある大きな〝事件〟に遭遇し、それが彼女の人生を大きく変える事態に至ったことは世界を驚かせ、大きな関心を呼びました。

この事件をきっかけに、彼女は従来の成功の尺度、つまりお金と権力という面からみれば自分はとても成功していた、けれど成功の本当の意味からすれば自分の人生は成功していなかったということに気づきます。

一つの事件との出会いが、ハフィントンの人生を大きく変えました。ハフィントンの発信は世界に伝わり、人々が時代を見つめ、それぞれの生き方を振り返る大きな契機となったのです。

いささか長くなりましたが、紙幅の関係でこのあたりで留めて、あとは本文に譲ります。

こう見てくると、人生にとって「出会い」ということの重さを深く感じさせられます。そして人それぞれに、その人生を彩り、影を落とした出会いがあるのです。

唐の詩人于武陵《うぶりょう》の詩「勧酒」に、〈「サヨナラ」ダケガ人生ダ〉という一節（井伏鱒二訳）があります。それに準《なぞら》えれば、〈「出会い」こそが人生だ〉ということになります。

「人間にとって出会いとは何か」を問うことは、「人生とは何か」「豊かな人生を生きるとはどういうことか」を問うことにつながるものでもあります。

目次

第四章　我が師、我が道

第五章　「自然」と出会う

第八章　奇縁済々

第一章

人生を変えた出会い

高倉健と山田洋次

名優高倉健がアウトローのヒーローから国民的大スターへという鮮やかな転身を見せた背景に、大切な人との出会いがありました。高倉健はこう語っています。

出会いは必ず別れをともなう。でも、出会いは何かを、人生の何かを教えてくれる。これまで、役者を続けてこられたってのも、考えてみれば、さまざまな出会いがあり、それを求め得たからかも知れないなあ……。

（『高倉健メモリーズ』）

その高倉健の出会いの大きな一つが、山田洋次監督との出会いでした。そのことにふれる前に、高倉健の大まかな略歴をたどっておきます。（以下は主に『高倉健メモリーズ』参照）

高倉健は一九三一（昭和六）年、福岡県中間町（現在中間市）に、炭鉱に勤める父敏郎の二男として生まれました。旧制東筑中学校を経て明治大学商学部に進みます。当初は貿易商を志望していましたが就職難のためそれは叶わず、一時帰郷して父の砕石業を手伝ったりしていました。

しかし、やがて再び上京し、知人のつてで、当時中村錦之助が所属していた新芸プロにマネージャー見習いの仕事を紹介されました。さらにその面接の場所であった東映本社の喫茶店にたまたま居合わせた東映専務マキノ光雄にスカウトされ、俳優への道を歩くことになりました。高倉はもともと俳優になりたかったわけではなく、就職のために仕方なく俳優への道を選んだと語っています。

こうした偶然から俳優になった高倉でしたが、通常一年ほどの研修、見習い期間が必要だったにも拘らず、入社一ヵ月半ほどで『電光空手打ち』『流星空手打ち』で主役に抜擢されるという幸運に恵まれました。時代劇全盛の当時の東映では、新しい現代劇のスターが待望されていたのでした。その後、アクション、喜劇、青春ものなどさまざまなジャンルの作品に出演し、美空ひばりとも共演しています。

やがて一九六三（昭和三十八）年に出演した『人生劇場　飛車角』で、義理と人情に生きるやくざの宿命の人生を好演。これが東映の任侠路線の先駆けとなり、高倉にとっても大きな転機となります。その後、『日本侠客伝シリーズ』『網走番外地シリーズ』『昭和残侠伝シリーズ』へと続く任侠物で一躍スターとなり、そのストイックなイメージと圧倒的な存在感から、もはや高倉健ではなく、敬愛を込めた「健さん」となります。耐えに耐えた末、「死んで貰います」と発するその言葉は、全共闘世代を含め、当時の若者たちの間で、共感を集めました。

その後フリーに転向し、『八甲田山』『幸福の黄色いハンカチ』『鉄道員（ぽっぽや）』で任侠路線を脱却して、アウトローのヒーローから幅広い人気スターへの新しい境地を切り拓いてゆきます。映画評論家の佐藤忠男は、こう語ります。

やくざの役だけでは、限られた範囲のファンには熱烈に受けても、国民的な俳優といわれるのは難しい。彼は仁侠映画の一時的なブームが去った後、その役柄で築いた風格で、おとなしく善良な市民の本当の男らしさを演じるという、文字通りの離れ業をやってのけた。『幸せの黄色いハンカチ』『鉄道員（ぽっぽや）』がそれであり、彼は本当に男らしい男が、実は心優しくつつましい庶民であり得るという、すてきな人格のありようを示してくれたのである。

（『映画で日本を考える』）

この『幸福の黄色いハンカチ』では、キネマ旬報主演男優賞、ブルーリボン賞主演男優賞、日本アカデミー賞最優秀主演男優賞を獲得しています。

こうした高倉の新しい境地開拓の背景に、監督や作家、俳優たちとの出会いがありました。とくに、山田洋次監督との出会いが大きかったのです。高倉はこう語っています。

これは『幸福の黄色いハンカチ』のときに痛感したことなんですけれど、僕が演じた男というのは、役柄としては僕にとって決して新しいものではなかった。直情型で、武骨で、しゃべるのもボソボソだし、喧嘩して、刑務所入りして、というのはこれまでもずい分、やってきてますよね。

ただ、こうした男のとらえ方がまったく違ったんで、映画は全く新しいものになったし僕も違った形で受け取られた。同じような男でも、とらえ方が違うと、こんなになるんだなと、僕自身がおどろいたわけだが、それは今度の作品（『遥かなる山の呼び声』）にも言えるんじゃないかと思いますね。男と女、男と子供の愛が前面にストレートに出ている作品は違うものですけど、僕の役ということに関してのみ言うなら、そういう事になるんじゃないでしょうかね。

とにかく、よけいなところで無理しなくていい。年齢的なものとかね。これはありがたいですよ。役者に無理な要求はしないで、できる範囲内でやらせて、そのなかから、本人も気がつかなかったようなところを引っ張り出す——山田さんって、そういう類の監督じゃないかと思いますわ。

（『高倉健メモリーズ』）

そして高倉は人生における出会いの意味をこう語っています。

出会いが生き方を決めてゆくという考え方もありますしね。『幸せの黄色いハンカチ』や今度の作品（『遥かなる山の呼び声』）に出られたのは山田監督との出会いがあったわけだし、『八甲田山』での森谷司郎監督との出会いが『動乱』に結びついているわけですからね。

（「前掲書」）

まさに、「出会い」が新たな人生を切り拓いた、ということになります。

高倉健は次作『風に吹かれて』の準備中に体調を壊し、二〇一四（平成二十六）年、悪性リンパ腫のため死去しました。享年八十四歳でした。

佐藤忠男は、新しいスターが次々に生まれるが、本当のスターというのは人気も二十年も三十年も持続させることができ、その間、よい酒がじっくりと熟してゆくように、演技の旨みと風格とが醸成されてゆくもので、高倉はその数少ない俳優の一人であると語っています。

高倉健は今は亡きヘンリー・フォンダが好きだったといいます。ニューヨークで見かけて、追いかけてサインをもらったというエピソードもあります。（『高倉健メモリーズ』）

「笑顔がいい。やさしさがある。人間の本当の哀しさというのかな。それを知っている感じがある。演技じゃないですよ、あれは」

ヘンリー・フォンダについて高倉が語ったこの言葉は、高倉健自身にもそっくり当てはまるように思われてなりません。

鶴田浩二と山田太一

鶴田浩二は時代劇から任侠物、現代劇からテレビドラマまで幅広いジャンルの作品を遺し、また歌手としても人気を博した、時代を代表する俳優であったといえます。

青春スターとして、そして任侠物のスターとして圧倒的な人気を誇った鶴田でしたが、テレビでも新境地を開き、注目を集めました。その背景に、シナリオ作家山田太一との出会いがありました。

鶴田は一九二四（大正十三）年兵庫県西宮市生まれ、陸軍航空工廠に勤務していた父の転勤に従って、大阪市西成区に転居します。しかし、父と別れた母とともに浜松市に転居、水商売をしていた母と祖母との貧しい生活が続きました。このころの鶴田について、鶴田の長女カーロン愛弓は、「幼年期の父は、頼る人もなく、重く暗い日々の中で、自分の境遇を恨みながら独りで生きていたのだろう」と書いています。（『父・鶴田浩二』）

少年時代は映画に熱中して遊び回る日々を過ごしましたが、やがて伯父のつてで松竹下加茂撮影所に入り、高田浩吉の内弟子となります。そして一九四四（昭和十九）年四月、大阪の此花商業学校を経て関西大学専門部商科に入学しますが、直後の五月には第一期海軍飛行科予備生徒として横須賀第二海兵団に入団、その後海軍飛行科予備学生として土浦、館山を経て横須賀海軍航空隊に移りますが、そこで少尉として敗戦を迎えます。このときの体験が、鶴田の人生に大きく影響したといわれます。

戦後は再会した高田浩吉に映画界志望を伝え、高田浩吉劇団に入団し、高田の付き人となります。一九四八（昭和二十三）年大曾根辰夫監督の尽力で松竹に入り、師匠の高田浩吉の芸名にちなんで、鶴田浩二として俳優活動に入ります。そして大曾根辰夫監督、長谷川一夫主演の『遊侠の群』に出演、本格デビューを果たします。その翌年の一九四九（昭和二十四）年には、同じく大曾根監督の『フランチェスカの鐘』で主役に抜擢され、佐田啓二、高橋貞二とともに、松竹を背負う三大スターとなりました。

その後、『若旦那シリーズ』、美空ひばりと共演した歌謡青春ドラマ『あの丘越えて』など多くのヒット作品に主演してトップ・スターとなりました。雑誌「平凡」の人気投票では、二位の池部良、三位の長谷川一夫を大きく引き離して第一位となっています。

映画評論家の山根貞夫は、「この人気はむろん、甘い美貌によるものだったろうが、同時に、甘さの陰にただよう虚無のにおいも大衆の心をつかんだにちがいない。戦争体験を持つ世代の影である」と書いています。（『日本映画人名事典』）

一九五二（昭和二十七）年には新生プロを起こし、独立プロとして『弥太郎笠』『ハワイの夜』などを製作しています。その後フリーとなり、松竹のみならず東宝、大映などでも活躍します。その後東宝と専属契約を結びますが、ヒット作にめぐり合えず、一時スランプに陥ります。

そして一九六〇（昭和三十五）年、東映のゼネラルマネージャー的立場にあった岡田茂（後の同社社長）に引き抜かれ、以降、東映を代表するスターとして数多くの作品を残しています。

東映での作品『人生劇場　飛車角』で鶴田は残侠の徒、飛車角を熱演して大ヒットとなり、任侠映画のブームが到来します。以降、鶴田は東映の任侠路線を中核として担い、一九六四年の『博徒』、翌六五年の『明治侠客伝　三代目襲名』などを始めとして数多くのやくざ映画の主演をつとめ、高倉健、藤純子らとともに大衆の人気を獲得していきました。

鶴田と長い交友のあった作家三島由紀夫は、『飛車角と吉良常』『博奕打ち　総長賭博』などでの鶴田の演技を絶賛しています。

彼は何と〈万感こもごも〉という表情を完璧に見せることのできる役者になったのだろう。吉良常の死の病床に侍《はべ》る彼、最愛の子分松田をゆるしあるいは殺す時の彼、そういうときの彼には、不決断の英雄性ともいうべきものが迸《ほとばし》り、（これは実人生ではめったに実見されぬことだが）、男の我慢の美しさがひらめくのだ。

（『決定版三島由紀夫全集40』）

三島は、鶴田の演技への賛辞とともに、それまで正当に評価されることのなかったやくざ映画に、新しい光を当てたともいえます。

三島は、鶴田との雑誌の対談の中でも、鶴田の演技への賛辞を送っています。三島と鶴田はほぼ同世代の戦中派、共感するところが多く、この対談は大きな盛り上がりを見せています。

鶴田は、映画のほかテレビでも優れた作品を残しています。とくに、NHKの『男たちの旅路』（一九七六〜七九）の戦中派のガードマンや、『シャツの店』（一九八六）のワイシャツづくりの昔気質の一徹な職人では独自の境地をひらき、注目を集めました。このシリーズの成功は、山田太一という脚本家との出会いと信頼関係のもたらしたものでした。体調不良と精神的停滞の時期にあった鶴田は山田の誠実さに触れ、その脚本の新鮮さに、「取り組んで見たい作品にやっとめぐり合った」と話したといいます。

山田との出会いが鶴田にとっていかに画期的なものであったか、鶴田の長女カーロン・愛弓の言葉がそれを物語っています。

父は常に斜に構えてものを言う性癖があって、他人が父の言葉を通して父の本質を掴むのは中々難しかった。しかし山田さんを見ていると、父が斜に構えると、自分の目線を移して、父と同じように物事を見、父の真意を理解しようとしているように思えた。

父もそうした山田さんの姿勢に共感したようだった。父は人と話していると、すぐに理屈をつけたがる人だったが、山田さんと話している父は、とても素直に見えた。最愛の映画が自分から遠ざかっていくのを感じて、不安と焦りの中にいたあの頃の父にとって、山田さんの存在は、いつしか大きな支えになっていた。

（『父・鶴田浩二』）

そして、山田太一脚本の、この『シャツの店』が、鶴田の遺作となりました。

鶴田は一九八五（昭和六十）年、肺気腫と診断され、治療を受けながら入退院を繰り返していましたが、手術の結果末期的な肺がんと判明し、余命半年と宣告されました。家族は本人に告知せず看護に当りましたが、一九八七（昭和六十二）年六月、死去しました。

享年六十二歳、山田太一との出会いから新境地を拓いた鶴田の、惜しまれる旅立ちでした。

殿山泰司と新藤兼人

殿山泰司はその独特な風貌に加えて、独自のキャラクターと個性的な演技で知られています。そして、その生い立ちと人生もまた波乱に富んだもので、それを書いた自伝風の作品がまた抜群におもしろいのです。その作品と人生について調べていくにつれ、以前から関心をもっていたこの役者が一段と好きになりました。

殿山泰司は一九一五（大正四）年、神戸市で生糸商を営む父の長男として生まれます。両親が離婚したあと父にともない上京し、父とその愛人であった義母が営むおでん屋のあった銀座で少年時代を過ごします。

父母とも仕事で忙しく放任主義で、また、母親は実の母ではなくて、泰司少年は不遇な、さびしい少年時代を過ごしました。殿山は毎朝自分で卵焼きを作り、冷や飯をかき込んで数寄屋橋のそばの泰明小学校に通いました。母親が夜遅くまで働いたためか朝起きてこなくて朝食も作ってくれなかったのです。殿山はその頃のことをこう書いています。

いくら手前の腹を痛めてねえからって、縁あって子供になったんだろう。可愛くねえかもしれねえけど、学校へ出かけるときぐれえ起きてくれたらどうなんだ。まして小学校の下級生だよ。これでおれの出発点が狂ったようだな。うん、確かに狂ったんだ。

（『三文役者あなあきい伝』ＰＡＲＴＩ）

たしかに不遇な泰司少年の旅立ちでした。泰明小学校から府立第三商業学校に進学しますが、素行不良で四年で退学します。長男ながら家業は弟に譲り、俳優への道を志します。そのきっかけとなったのが、若き日のエノケンらの演技に出会ったことでした。

一九三六（昭和十一）年、新築地劇団に入団しますが、同期に千秋実、多々良純などがいました。一九三九（昭和十四）年には、新しく創設された南旺映画の『空想部落』（千葉泰樹監督）に沢村貞子、千田是也、薄田研二らと共に出演し、これが本格的な映画デビューとなりました。

この時期は、二・二六事件、日中戦争から国家総動員法成立、大政翼賛会創立等、戦時体制へ向けて急速に突き進む時期で、芸能界にもその波は激しく押し寄せてきました。『三文役者あなあきい伝』などにも、この時代の事件や空気が殿山の体験として語られていますが、一九四〇（昭和十五）年には劇団が弾圧を受けて解散させられ、一九四二（昭和十七）年には殿山自身召集されて中国各地を転戦します。この非人間的で過酷な軍隊生活は、殿山にとって忘れがたい大きな試練となりました。

敗戦後、中国で捕虜となり抑留生活を送りますが、それはあのソ連によるシベリア抑留とは異なってそれほど過酷なものでもなかったようで、隊員同士で『父帰る』を上演する演芸大会が開かれたりしています。この軍隊生活から捕虜生活までの様子も、『三文役者あなあきい伝』の中で詳しく書かれており、興味深いものでした。

戦後復員し、一時山形県新庄市に疎開しますが、一九四六(昭和二十一)年、松竹大船撮影所で俳優活動を再開します。新藤兼人脚本・吉村公三郎監督による『安城家の舞踏会』に出演したのがきっかけで、新藤・吉村コンビによる作品への出演の機会も多くなり、一九五〇(昭和二十五)年に新藤、吉村が近代映画協会を設立した時には、創立メンバーとしてこれに参加しています。

殿山にとっては、人生を変える契機となった新藤との出会いでした。

殿山は、新藤に誘われた時の心境をこう語っています。

新藤さんは一流のシナリオ・ライター。吉村さんは一流の監督。おれだけはやっと名前の売れかかったくらいの貧弱なバイプレーヤー。この撮影所をおん出たら、その前途はどうなるのか、果たして仕事はあるのだろうか、見通しは真っ暗だけど、おれを誘ってくれた新藤さんの、その声がうれしくて、死ぬほどうれしくて。だから、おれもズルズル退社を決意した。

(「前掲書」)

新藤作品では『裸の島』で乙羽信子と共演、この台詞のない脚本で初めての主役として好演し、『人間』では毎日映画コンクール男優主演賞を受賞するなど、多くの作品に出演しています。吉村作品でも、『偽れる盛装』『千羽鶴』『足摺岬』『越前竹人形』など、ほとんどの作品で常連として活躍しています。

その他、『真昼の暗黒』（今井正監督）、『復讐するは我にあり』『楢山節考』（今村昌平監督）、『白昼の通り魔』『愛のコリーダ』（大島渚監督）など、日本映画を代表する多くの監督たちの作品に出演する一方で、娯楽映画や日活ロマン・ポルノへも出演するなど、幅広いジャンルで活躍しています。

その独特な風貌と個性的な演技が名脇役として高く評価され、それぞれの作品に欠かせない存在感を示しました。

新藤兼人は、バイプレーヤー殿山についてこう語っています。

　タイちゃんが、自分というものを一本貫きとおした役は『裸の島』と『人間』である。私の全作品に出てもらったが、他はすべてバイプレーヤーである。多くのほかの作品もそうだ。皆バイプレーヤーとしてのタイちゃんである。個性を買われてのバイプレーヤーだが、あくまでも本筋に添える脇役なのである。（中略）

　タイちゃんも役者である。タイちゃん流に押しても引いても柳に風で引き退《さが》らないしぶとさはあった。相手がバイプレーヤーを猫や犬と同じように物と見るなら、煮ても焼いても食えない物になってやれ、という腰のすえ方である。相手がバイプレーヤーを人間と理解するなら、こちらも生きた人間になりましょう、ということである。バイプレーヤーの側からいうなら、主役だけじゃ映画もテレビも作れない。バイプレーヤーがいるから主役が存在するのである。

（『三文役者の死・正伝殿山泰司』）

殿山自身「三文役者」を自称し、自著の表題にも「三文役者」を使い、先の新藤監督が書いた評伝というべき著書の表題も、『三文役者の死・正伝殿山泰司』となっています。

トレードマークであるジーンズとサングラスを愛用し、私生活でもジャズやミステリーをこよなく愛したことで知られ、またそのエッセイの独特な語り口と味わいも多くのファンを獲得しています。

殿山は、その独特な風貌の陰に、やさしい誠実な人柄を秘めていました。

近代映画協会以来の付き合いである映画監督の吉村は殿山について、現今、人が逆境にあるとき心から好意を示してくれる人が少ない中で、新藤兼人と殿山泰司は誠実で、数少ない得がたい友達であると語っています。

吉村が体調を崩し生活も困窮している中で、久しぶりに出会った殿山に、「なんでもボクに出来ることがあったら、出来るだけのことはしますから言ってください」と声をかけられ、不断は冗談ばかりとばしている彼の誠実さが、涙が出るほど嬉しかったと語っています。（『映画監督吉村公三郎書く、語る』）

また、長部日出雄は、殿山の著書の解説の中で、こう書いています。

じつに粋で洒脱な都会人だった。都会人の核心をなす含蓄――。いくつになってもそれを失わず、そこはかとない羞じらいを身辺に漂わせ、笑顔はいつもはにかんでいた。
それでいて、言葉遣いは乱暴なのである。乱暴ったって、相手を侮ったり、蔑んだりする話し方では、決してない。むしろ親愛の情の表現、あるいは都会っ子、東京っ子、それも銀座っ子の照れ隠しでもあったのだろうか。

（『三文役者あなあきい伝』ＰＡＲＴⅡ）

まさに、殿山という人物を的確に語った言葉です。

こうして殿山自身の言葉や殿山について語られた言葉を見てくると、殿山の脇役としての誇りと自信、そして人柄の誠実さが見えてきます。そこに、彼の演技の深さや、また彼が多くの人々に愛された秘密をみることができるように思います。

そしてこの個性派俳優の誕生の陰に、新藤兼人とのかけがえのない出会いがあったことを読み取ることができます。

第二章

人生を決めた出会い

中勘助と夏目漱石

先ごろ、伝説の国語教師として知られ、灘中学・高校で五十年間にわたって教師をつとめた橋本武が亡くなりました。橋本は教科書をいっさい使わず、一冊の薄い文庫本を三年間かけて徹底的に読むという独特な授業で多くの生徒たちに強烈な印象を残しました。

その橋本がおよそ三十年間にわたって教材として使ったのが、中勘助の『銀の匙』でした。もちろんこの本は今でも読み継がれているロングセラーですが、この橋本の独自の授業が広く知られるにしたがって、『銀の匙』という作品と中勘助という作家にあらためて注目が集まりました。この『銀の匙』の執筆と恩師夏目漱石との出会いが、勘助にとって人生の大きな転機となったのでした。

中勘助は一八八五（明治十八）年、美濃今尾藩元藩士の勘弥の五男として東京神田の旧藩邸で生まれました。『銀の匙』に出てくる伯母は母の一番上の姉で、この頃この家に住み、勘助の養育をこの世に生きる唯一の楽しみにしていたといいます。小学校卒業後、府立第四中学校（現都立戸山高校）を経て、一九〇二（明治三十五）年に第一高等学校に入学します。その頃の同期に、藤村操、山田又吉、安倍能成、小宮豊隆、野上豊一郎、尾崎放哉などがいました。

余談ですが、この藤村操は一九〇三（明治三十六）年、あの日光の華厳の滝に投身自殺し、

「巌頭之感」という言葉を遺し、当時センセーショナルな報道で大きな関心を呼びました。その藤村と中が一高の同期生であったことを初めて知りましたが、さらに驚いたのは、過日青山霊園を歩いた時、その藤村の墓が、同じこの霊園の中勘助の墓から霊園事務所のほうに少し歩いたところにあったことでした。藤村の墓には、「巌頭之感」が彫られていますが、ここではそれに立ち入る余裕がありません。

一高時代の同級には先に述べた人物のほか、岩波茂雄、荻原井泉水等もおりましたが、安倍能成や岩波茂雄らとは終生の付き合いを続けることとなります。

この一高時代にはイギリスから帰国した夏目漱石が着任し、中はその後の東大英文科に至るまで、漱石の教えを受けることになります。漱石とは、この学生時代のみならず、その後も交流を続けています。特筆すべきは、勘助が代表作『銀の匙』を書き上げたとき漱石に閲読を依頼し、結局漱石の推薦により、この作品が一九一三（大正二）年、朝日新聞に連載されたことです。まさに、『銀の匙』の執筆と漱石との出会いが、勘助にとって人生の大きな転機となったのでした。

漱石の講義を受けた一高時代、或は東京帝大時代の勘助は、あまり熱心な受講生ではなかったようで、自分は散文的な十八世紀（英国）文学よりも、むしろ詩歌のほうに没頭していたと書いています。

しかし、卒業後も漱石との交流は続き、一九一二（明治四十五、大正元）年には『銀の匙』を書き上げ、閲読してもらうために漱石にその原稿を送っています。そして、あるとき漱石邸に伺ったときの漱石の反応を、勘助はこう書いています。

先生は予想外に『銀の匙』をほめた。落ちついた書き方だといった。大変口調がいいといった。私は文章が時に稚気を帯びてやしまいかと思う といったらむしろその反対を考えてるらしい口吻をもらした。

（「夏目先生と私」『中勘助全集』第四巻所収）

しかし一方で、誤字が多い、仮名をめちゃくちゃ使いすぎるなどと非難もされました。でも、結局「ありゃいいよ」といってくれたということです。（「前掲書」）

『銀の匙』は勘助の幼少時代の回想をもとにした作品で、それまで詩歌に強い関心を持っていた勘助にとっては初めての散文作品でしたが、これが彼の最高の傑作となりました。

そして、漱石の推薦により、一九一三（大正二）年、東京朝日新聞に連載されたのに続き、その翌々年には『銀の匙』後編が同じく東京朝日新聞に連載されます。

その頃のことを、勘助はこう回想しています。

先生と私の師弟としての関係は三十幾年前私が一高の一年の時からだが、個人関係は大学を卒業後二、三年して「銀の匙」を書いた時から始まる。それは先生のご尽力で朝日新聞へのることになった。先生は私が不承不承にも原稿書きをしなければならなくなった事情を人から聞いて知っていられたのだと思う。なんだかよほど好意的、同情的に感じられた。誰に対しても親切だったらしいが。その後ほかから新聞のほうでだいぶ迷惑らしい話もきいた。尤もなことだ、とくに新聞というものの性質上。それが掲載されたことも、中止されなかったことも、紹介者、推薦者である先生のおかげだったろうと想像している。その後また後編をかいた。その時は先生と朝日との関係も前とはちがってたためよほどご迷惑らしい様子だったのを結局ずるずるべったりにお願いして再度朝日へ載せてもらった。それを私は今でもたいへんすまなく思っている。先生にかけたご厄介がどの程度のものかは知らないけれど私としては当時の事情が事情なり、今日までも深く恩義を感じてるのである。間もなく先生がなくなったので、私は作品を見て頂く機会を永久に失ってしまった。時たまつまらぬ著書を出すたんびにこのことを心寂しく残念に思う。

（「黒幕」『中勘助全集』第四巻所収）

まさに漱石との出会いが、勘助にとっては人生における大きな転機となったのでした。回想では勘助の漱石への思いが、淡々と語られています。それは師弟関係についてしばしば語られる畏敬とか心酔といったものとは異なり、独自の関係であったようです。

勘助はあるところでこう語っています。

私は自分の性格からして自分の望むほど先生と親しむことが出来なかった。むしろ甚だ疎遠であった。私はまた先生の周囲に、また作物（注　さくぶつ＝作品）の周囲にまま見かけるような偶像崇拝者になることも出来なかった。唯先生は人間嫌いな私にとって最も好きな部類に属する人間の一人だった。そして先生は私の人間にではなく、創作の態度、作物そのものに対して最も同情あり好意ある人の一人であった。

（「夏目先生と私」『中勘助全集』第四巻所収）

いかにも勘助らしい控えめな言葉ですが、漱石に対する独自の思い、本音が伝わってくるようです。

勘助は『銀の匙』で脚光を浴びつつも、私生活では、複雑な家庭の事情やそこから来る精神的苦悩のために病気に悩まされます。

そして療養のため、最初の朝日の連載の翌年には信州追分や比叡山の横川などに転地します。

さらに、一九二〇（大正九）年には千葉県我孫子の手賀沼の畔に転居します。ここで三年ほどを過ごし、この地に住んでいた志賀直哉らと交流し、『沼のほとり』『提婆達多《でーばたった》』などの作品を執筆しています。

一九六五（昭和四十）年五月三日、勘助は入院中の日本医科大病院で、くも膜下出血により死去しました。享年八十歳でした。

葬儀は青山の玉窓寺において安倍能成を葬儀委員長としてとりおこなわれ、その後青山墓地に埋葬されました。

文壇から距離を置き、人間嫌いと見られた勘助でしたが、しかし勘助は人間そのものが嫌いというより、虚飾に満ちた俗世間を超越し、その独自の人生観と人間観をひたすら貫いた人物であったといっていいかもしれません。事実、限られた一部の作家たちとの交友は大切にしていたのです。勘助の次の言葉は極めて示唆的です。

私はその貧窮のゆえに人を蔑《さげす》んだことがない。また富貴のゆえに人を敬ったこともない。私はその無位無官のゆえに人を蔑んだことがない。また単なる位階勲等のゆえに人を敬ったこともない。

（「樟ヶ谷」『中勘助全集』第九巻所収）

まことに鮮やかで、爽やかな言葉です。その明快な姿勢が、ある種の人々を遠ざけ、逆にある人々を近づけたといえます。

笠智衆と小津安二郎

以下では、小津安二郎と黒澤明という日本映画を代表する二人の巨匠について語るとき、欠かすことのできない存在であった名優二人と、その師とのかかわりを取り上げます。

小津作品には何人かの常連の俳優がいます。原節子、笠智衆、杉村春子、三宅邦子、中村伸郎などの名前が思い浮かびますが、なかでも、その独自の存在感を示しているのが笠智衆です。

笠は『父ありき』『晩春』『お茶漬の味』『東京物語』『早春』『彼岸花』『お早よう』『秋日和』『小早川家の秋』『秋刀魚の味』など多くの小津作品に主演していますが、その作品はいずれも圧倒的に多くの人々に愛され、親しまれています。その演技はもちろん、そこに醸し出される何とも言いがたい独自の雰囲気と人柄が、人びとを魅き付けたのでした。

笠智衆は一九〇四（明治三十七）年、熊本県玉名郡玉水村に、住職をしていた父淳心の二男として生まれました。一九〇三（明治三十六）年生まれの小津安二郎とはほぼ同年代ということになります。長男は父の勧める寺の勤行が嫌いで素行も悪かったので、父は二男の智衆に後継者としての期待をかけました。

しかし、笠は父の期待に反して、僧侶になるためにいったん入学した龍谷大学を退学し、東洋大学に進みます。在学中に、友人に勧められて応募した松竹蒲田撮影所の俳優研究所の研究生に合格し、一期生として入所します。

蒲田では大部屋俳優としてスタートを切りますが、もともと訥弁《とつべん》で不器用であった笠はなかなか順応できず、その後十年以上も通行人やその他大勢の役の大部屋俳優をつとめることになります。しかし、その熱心さとひた向きさが小津監督の目に止まり、一九三六（昭和十一）年の小津作品『一人息子』でようやく認められるようになりました。

笠は小津との関わりについてこうも語っています。

不器用な私の、どこが小津先生に気に入られたのだろうか。恐らく、私があまりにも不調法で出来が悪いものだから、先生としては、よし、ひとつ、こいつをものにしてやろうかという気持ちがあったのかも知れない。生来の怠け者である私を、まるで暗やみから牛を引き出すようにして、こうやれ、ああやれと指示しながら、無理やり一人の俳優に仕立て上げてくれたのだと思う。私も、先生に言われた通りにやっていただけだが、写真（注　映画のこと）が出来上がってみると、だんだんほめられるようになっていった。（『俳優になろうか』）

笠の人生を決定づけた、小津との出会いでした。

映画評論家の佐藤忠男は、笠を主役に抜擢した小津作品『父ありき』（一九四二年）についてふれた後、こう語っています。

田中絹代、原節子、佐分利信、などなどなど、小津監督が繰り返し使った俳優は多いが、新人時代からたとえ端役でも殆ど全作品に出演してきた笠智衆はなかでも最もよく知ってい た俳優だったわけである。その人柄、芸の質、どういう演技をさせたらどんな味わいが出るか、といったことを、たぶん本人以上に知っていて、それを念頭において企画をたて、脚本を書いたのであることは間違いない。もし笠智衆がいなかったら小津安二郎はこの脚本を書かなかったかもしれない。別な俳優でこの企画をたてたら脚本も違ったものになっていたであろう。笠智衆は小津監督に言われたとおりに動いたが、じつはそれは、ある意味では素顔の笠智衆自身を演じていたのだった。

（『映画俳優』）

そういえば、ほかの小津作品にも、笠を念頭において書かれたものがあるようにも思えますが、どうでしょうか。

戦後、日本映画が黄金時代を迎えると、笠も多くの作品に出演し、独自の演技力で存在感ある名優としての地位を築いていきます。一九四九（昭和二十四）年の小津作品『晩春』では、父娘の二人暮らしで、娘を嫁に出す大学教授の父親役で好演し、注目されました。以降、『宗方姉妹』『麦秋』『お茶漬の味』など、小津作品の常連として出演を重ねています。

『東京物語』（一九五三年）では、尾道から上京し息子や娘と久しぶりに再会した老夫婦が、あまり歓迎されずそのまま尾道に帰っていくというストーリーの作品で、その老夫婦役を東山千恵子と共演し、人生のわびしさ、老境の生きざまをしみじみと演じました。この作品が高い評価を受けたことは周知のとおりですが、今でもテレビ等でしばしば放送され多くの人々を惹きつけており、高齢化社会の現代に通じる深いメッセージを伝えるものでもあります。

また山田洋次監督作品では、『男はつらいよ』の柴又帝釈天の住職として親しまれたほか、同監督の『故郷』『家族』での好演も印象に残るものでした。

テレビでも、山田太一脚本の『ながらえば』『冬構え』『今朝の秋』などで主役を務めました。とくにＮＨＫ名古屋放送局制作の『ながらえば』は、モンテカルロ国際映画祭で最優秀賞を受賞した作品ですが、作品のメッセージとともに、笠の演技は深い感動を呼びました。

これら一連の脚本の執筆者である山田太一は、こう語っています。

　笠さんという人は、立っていれば立ったままで絵になるし、腰掛けていれば腰掛けたままでよくなる。すべてがいいんですね。歩けば歩いたでまた素敵だしね。何していても、表現になる。監督としてカメラをのぞいて見て、はじめて発見したことですね。じっと座っているだけでいいという役者は、そんなにざらにいるもんじゃない。

（『拝啓笠智衆様』）

数々の名作を残し、その渋さと枯れた演技で多くの人々を魅了し、独自の存在感を示したこの名優は、一九九三（平成五）年、膀胱がんのため、横浜市の病院で亡くなりました。享年八十八歳でした。小津安二郎とはほぼ同年代の生まれでしたが、笠は、六十歳で逝去した小津より三十年近くも長生きしたことになります。

もし、小津がもう少し長く生きていたら、二人の年輪を感じさせる、さらなる秀作が生まれただろうと思われ、残念でなりません。

笠智衆の墓のある成福寺は、JR横須賀線の北鎌倉駅と大船駅のちょうど中間に位置しています。茅葺きの山門のあるこの寺は、著名人たちの眠るお寺から少しはずれて、静かなたたずまいを見せ、独りでひっそりと眠りたい――そんな笠智衆の人柄を偲ばせるような場所にありました。

志村喬と黒澤明

黒澤作品に欠かせない俳優として、三船敏郎とともに志村喬を挙げることに異論はないでしょう。志村は黒澤の名作といわれる作品の多くに出演しています。『羅生門』『野良犬』『七人の侍』『用心棒』『椿三十郎』『生きる』など、いずれも広く親しまれた名作です。

もちろん、黒澤作品以外にも『男ありて』（丸山誠治監督）などに出演していますし、数多くの賞も獲得しています。まぎれもなく、日本映画史を代表する名優と言えます。

志村喬は一九〇五（明治三十八）年、兵庫県朝来郡生野町に生まれます。黒澤より五歳年長ということになります。三男四女の二男で、小学校時代はきかん坊のガキ大将でしたが、六年間優等生で通しました。県立神戸一中（現県立神戸高校）から、父の転勤で、宮崎県立延岡中学校（現県立延岡高等学校）へ転じ、一九二三（大正十二）年、関西大学予科に入学します。しかし、父の退職により学資の援助が得られなくなり、大学は夜間部に転じ、大阪市役所の臨時職員などをつとめます。

一九三〇（昭和五）年に近代座に入り、国内外の巡業に参加したりします。しかし、職業俳優としての道は険しく、不景気の世相の故もあって劇団の経営も厳しく、また地方巡業は同じ芝居の繰り返しで、志村の演技も惰性的になっていきました。あの名優志村にも、こんな試練のときがあったのでした。

一九三四（昭和九）年には劇団に見切りをつけ、映画の世界を志して、新興シネマ京都撮影所に入所します。端役を続けながら演技を磨き、溝口健二監督の『浪華悲歌』の刑事役で好演して注目され、伊丹万作監督の『赤西蠣太』で脇役として評価されます。

その後、日活京都に入社しますが、ここで片岡千恵蔵、月形龍之介、嵐寛寿郎ら錚々《そうそう》たる名優たちと共演し、時代劇で作品を残しています。そして松竹太秦撮影所を経て東宝に移り、そこで黒澤明監督との出会いがありました。志村の人生を決定づけた出会いでした。東宝に移るとき黒澤の面接を受けて、黒澤のデビュー作『姿三四郎』への出演を果たしたのでした。以降、黒澤作品には欠かせない、存在感のある俳優としての不動の地位を獲得していったのです。

一九四九（昭和二十四）年には『野良犬』で、これもまた黒澤作品には欠かせない存在であった三船敏郎と共演し、毎日映画コンクール男優演技賞を受賞しています。

そして、『生きる』『七人の侍』『隠し砦の三悪人』『悪い奴ほどよく眠る』『椿三十郎』『天国と地獄』などの黒澤作品への出演が相次ぎます。いずれも、私たちの記憶に残る名作です。

志村の作品の中で最も強く人びとの印象に残っているのは、やはり黒澤明監督の『生きる』でしょう。この作品は、世界的にもよく知られ、黒澤の最高傑作のひとつとされています。

『生きる』はアメリカでは〈To Live〉、イギリスでは〈Living〉、またフランスでは〈Vivre〉とも訳されていましたが、その後、原題の〈Ikiru〉が定着し、国際的にもクロサワの最高傑作のひとつと評価されています。癌のため余命半年くらいという予告を受けた市役所の市民課長（志村喬）が、その告知に衝撃を受け戸惑いつつも、あらためて生きることの意味を真剣に問い直し、その人生の終りを見事に生ききるというストーリーの作品ですが、この作品での志村の迫真の演技が、多くの人々に強烈な印象を残しました。とくに、最後の、公園のブランコに揺られながら、「命短し、恋せよ乙女」のフレーズを含む『ゴンドラの唄』のシーンが、観る者を圧倒しました。

このシーンで、黒澤は「この世のものとは思えないような声で歌ってほしい」という注文をつけました。一瞬戸惑った志村でしたが、長年の付き合いから黒澤の意図を感じ取って表現したといいます。そういえば、あのラストシーンには、黒澤と志村の執念みたいなものが秘められているようにも思えます。

志村は、この作品と黒澤についてこう語っています。

脚本を手にしたとき、黒さんの気持ちが痛いほどわかって、ジーンとした。おおげさなことを書くつもりはないが、自分を知ってくれる人のために精いっぱいやるのは男として当然のことだ。〝役者冥利〟に尽きる。こいつはひとつ、この期待を裏切らぬよう、やらずばなるまいと思うと、何がなし闘志のようなものがわいて来たのを覚えている。

（『わが心の自叙伝』映画・演劇編）

志村の演技は海外の新聞でも、「主演の志村の演技は高く評価できる」（ニューヨーク・タイムズ）、「主演の志村の演技は完璧といっていい」（ヘラルド・トリビューン）など、高い評価を受けています。

「生きる意味とは何か」「死をどう受け入れるか」は、現代における大きな問いかけとなっています。黒澤にとって最高傑作のこの作品は、志村にとってもまた、最高傑作のひとつとなりました。また、その問いかけは、「老い」や「死」が最大のテーマである現代社会への、先見性に満ちたメッセージともなっています。

佐藤忠男は、一連の黒澤作品における志村の起用について、黒澤監督は人間のみじめさと偉大さという両極端を極端な振れ幅の大きさをもって描く作家であり、それを一人の人物のなかの矛盾として表現できる役者として志村喬は起用されたのだと思うと語っていますが（『映画俳優』）、この『生きる』において、志村はまさにそれに応える迫真の演技を見せました。

志村は六十九歳のとき肺気腫を発症し、入退院を繰り返しながら仕事を続けましたが、一九八二（昭和五十七）年風邪を引き容態が悪化、その生を閉じました。七十六歳でした。

「誰にも知られずひっそり死にたい」という、本人の遺志に添った通夜と告別式でした。寒夜、冷気をさえぎるもののない席に参列した人々に、三船敏郎が、弁当や飲み物がちゃんとゆきわたっているか否か、こまめに立ち働き、気づかいを示していたといい、それは見ているだけで涙がにじんでくるような、悲しみの表し方だったと、澤地久枝は書いています。（『男ありて――志村喬の世界』）

志村の死から十六年後に、黒澤は八十八歳で亡くなりました。かつて、自分を知ってくれる人のために一生懸命にやるのは男として当然のことで役者冥利に尽きると、黒澤への熱い思いを語っていた志村でしたが、その言葉は、志村にとって黒澤との出会いがいかに大きいものであったかを物語っています。

志村がもう少し長生きしていたら、黒澤と組んださらなる名作が生まれていたかもしれません。

第三章

心友という絆

斎藤茂吉と吉井勇

斎藤茂吉と吉井勇は、ほぼ同時代を生きた日本を代表する歌人ですが、吉井によれば「交友縷《いと》の如し」という細い、しかし強い縁で結ばれた二人でもありました。

茂吉は一八八二（明治十五）年、山形県の農家に生れますが、経済的な理由もあって、小学校卒業後東京で医院を開業する親戚の斎藤紀一の家に寄寓、斎藤家の養子となります。開成中学に入った頃から文学に興味を持ち、文学雑誌を読み漁り、また多くの交友関係を持ちました。その後一高を経て東京帝国大学医科大学に進みます。その過程で正岡子規を読んで感動し、また万葉集や古今和歌集を愛読して歌人を志し、「馬酔木《あしび》」の主宰者伊藤左千夫に師事、「アララギ」の創刊に参加します。大学卒業後は、精神科医として活動するかたわら、歌人としても旺盛な創作活動を展開します。

一九一三（大正二）年には処女歌集『赤光《しゃっこう》』を刊行、大きな反響を呼びました。その中に収められている「死にたまふ母」の中から少々拾ってみます。

みちのくの母のいのちを一目見ん一目見んとぞただにいそげる
死に近き母に添寝のしんしんと遠田のかはづ天に聞ゆる

我が母よ死にたまひゆく我が母よ我を生まし乳足《ちた》らひし母よ

この『赤光』は茂吉の声価を文壇内外に大きく高めるものとなりました。
その後、『あらたま』『ともしび』『白き山』など多くの歌集を発表します。茂吉が生涯に詠んだ歌は一万八〇〇〇首にも及ぶといわれています。一方で、歌論や古典の研究にも成果を挙げ、大作『柿本人麿』などの歌論を刊行しています。
そして太平洋戦争が激化する中、茂吉は空襲を逃れて故郷山形県上山市に疎開します。疎開中の作品は晩年の歌集『白き山』に収められていますが、この時期には、その歌は最高の境地に達していたといわれています。その中から二首ほど引いておきます。

最上川逆白波《さかしらなみ》のたつまでにふぶくゆうべとなりにけるかも
ながらへてあれば涙のいづるまで最上の川の春をしまむ

精神科医にして、当代を代表する歌人であり、万葉の研究者でもあった巨人茂吉の素顔を、長男茂太はこう書いています。

どうも、茂吉という人間はよく判らぬと人は云う。

都会人のような田舎者、田舎者のような都会人、古代人のような近代人、思いきってヤボなダンディ、深刻な好人物、洗練された野人。これは、佐藤春夫氏の茂吉観であるが、相反した二つの面を持っているというのが、多くの方々のほとんど一致した見方であるようだ。

外づらがよくて、内づらがわるい、というのは、私共家族の一致した見解である。私共は不断に、父のかみなりの恐怖にさらされていたが、父は一度び他人の前に出ると打って変って応対はいんぎん鄭重を極めた。私は子供心に不思議を覚えた。母には絶えず大きなかみなりが落ちたが、母は抵抗力が極めて旺盛であったからいいとして、一番みじめなのは私であったと思う。

（『茂吉の体臭』）

晩年の茂吉は体調を崩し、一九五〇（昭和二十五）年には左半身麻痺を起こし、以来左足を少し引きずって歩くようになりました。翌年には文化勲章を受章していますが、授賞式には杖をついて懸命に歩きながら参列を果たしました。その後寝たきりの状態になり、一九五三（昭和二十八）年二月、心臓喘息のため亡くなりました。享年七十歳でした。

精神科医と歌人という二つの仕事を見事に両立させ、『柿本人麿』などを含む多大な業績を残した茂吉の偉業は歴史に大きな足跡を残すものであり、今もその歌は多くの人々に愛されています。

吉井勇は一八八六（明治十九）年東京生まれですから、茂吉とほぼ同世代といっていいでしょう。小学校卒業後東京府立第一中学校（現在の都立日比谷高校）に入学しますが、ここを退学。その後早稲田大学に進みますが、ここも中退しています。一方で歌作に励み、歌人としての道を歩み始めます。

そして新詩社の同人として「明星」に歌を発表、さらに北原白秋、木下杢太郎らと「パンの会」を結成、一方で森鷗外を中心とする文芸誌「スバル」の編集に携わり、自身も相次いで戯曲を発表します。

一九一〇（明治四十三）年には、最初の歌集『酒ほがひ』を刊行し高い評価を受け、独自の耽美的な歌風が多くの支持を受け、歌人としての地位を築きます。

かにかくに祇園は恋し寝るときも枕の下を水が流るる
わが胸の鼓のひびきたうたらりたうたうたらり酔へば楽しき

その後も、『祇園歌集』『東京紅燈集』などを発表し、青春の享楽と人生の哀歓を歌い、頽唐派歌人、伯爵歌人などと呼ばれました。

吉井が中山晋平と組んで発表して大きな話題を呼んだ歌に「ゴンドラの唄」があります。これは一九一五（大正四）年、島村抱月が芸術座で上演したツルゲーネフ原作の『その前夜』の劇中歌として松井須磨子が歌ったもので、多くの人々を魅了して大ヒットとなりました。「命短し、恋せよ乙女……」の歌詞は、たちまち全国に広まりました。今で言えば「流行語大賞」の有力候補ではないでしょうか。

ゴンドラの唄

いのち短し　恋せよ乙女
あかき唇　あせぬ間に
熱き血潮の　冷えぬ間に
明日の月日は　ないものを

いのち短し　恋せよ乙女
いざ手をとりて　かの舟に
いざ燃ゆる頬を　君が頬に
ここには誰れも　来ぬものを（以下略）

先にも書きましたが、この歌は一九五二（昭和二十七）年、黒澤明監督の映画『生きる』のなかで歌われ、大きな話題となりました。胃がんで余命のないことを知った市役所の市民課長（志村喬）が、公園のブランコに揺られながら呟くように歌ったシーンが、多くの人々の胸を打ちました。

ところで、冒頭でふれたように、吉井は茂吉との交友を「交友縷《いと》の如し」と表現していましたが、この二人の出会いと交友について、藤岡武雄の『斎藤茂吉とその周辺』などを参照しながら述べて見ます。

吉井が茂吉と初めて相まみえたのは、一九〇九（明治四十二）年一月に森鷗外邸で行われた「観潮楼歌会」でした。この歌会は明治四十年三月から毎月一回開かれていたものですが、参加者には鷗外のほか佐佐木信綱、伊藤左千夫、北原白秋、石川啄木などの名があります。

この歌会は二人にとって、貴重な学びの機会となると同時に、忘れることのできない思い出深いものであったようです。茂吉は後年「観潮楼に君と相見し時ふりてほそき縁の絶えざるものを」と歌っています。

また、茂吉が長崎医学専門学校教授として赴任中に、吉井は長崎に立ち寄り、滞在し、ともに語りあって、交友を深めています。さらに、終戦後宮中歌会始の儀が復活して、ともにその選者となってからは、京都に住む吉井でしたが、二人は年に二回は顔を合わせることになりました。

吉井の私生活では、一九二一（大正十）年、伯爵柳原義光の次女徳子と結婚します。吉井に徳子を紹介したのは徳子の伯母で、あの白蓮事件で有名な柳原白蓮でした。妻徳子とは性格の不一致もあり、結局別居します。それから五ヵ月後、上流階級の夫人たちがダンス教師と遊興を繰り広げていたとするダンスホール事件に、吉井の妻徳子とともに茂吉夫人輝子も連座するという新聞紙上を賑わす大スキャンダル事件となりました。このことに関して白蓮は、「姪がこのような問題を起し、皆様に御迷惑をおかけしたことは伯母として恥じ入る次第です」と語っています。

ちなみに茂吉夫人と吉井夫人は親しい付き合いの相手であったようで、日ごろからよく連れ立って外出していたといいます。茂吉と吉井はともに、夫人の起こしたスキャンダルによる世間の厳しい目に曝《さら》されるという痛みを共有する奇縁の仲ともなりました。

吉井勇の研究者である細川光洋は、妻を巡る「冬の時代」をともにしたことで、茂吉と勇の交友は陰影を増すことになり、余人には語りえない寂しさを、二人は胸の裡で共有していたように思われると書いています。(「短歌研究」二〇一四年五月号)

その後吉井と徳子夫人のあいだには離婚が成立し、吉井は東京を離れて高知県の山郷に隠棲します。そして、吉井は国松孝子と再婚し、翌年京都へ移住します。

先ごろ、京都府立総合資料館で、茂吉が吉井の再婚を羨む一首を含む、二十四通の吉井宛のはがきが発見されました。一九三七(昭和十二)年十二月二十日の消印のある葉書には、

勝閧《かちどき》のうづもよけれど南なる君が家居《いえい》もにくからなくに

という歌が記されていました。日中戦争の南京陥落を喜ぶ勝ち閧の歓声よりも、君の新生活の方がうれしいことだという、心友茂吉の心中を歌ったものです。

先述の細川は、「流離の苦難を経て、ようやく思い人と結ばれた勇を祝福する歌である。（中略）戦争の勝利よりも何よりも喜ばしいこととして、恋の勝利者である友を言祝《ことほ》ぐ歌である」と書いています。（前掲書）

波乱の生涯を送った吉井は、一九六〇（昭和三十五）年十一月、肺がんのため京都大学付属病院で、孝子夫人らに看取られ、旅立ちました。

斎藤茂吉と吉井勇の交友は、頻繁に会うとか、歓談を重ねるとかいう派手なものではなく、吉井がいうように「交友縷《いと》の如き」もので、長く、篤い信頼感と友情に支えられたものでした。それもまた心友の一つのかたちと言えると思います。

鈴木大拙と西田幾多郎

禅を欧米各国に紹介した世界的な仏教学者鈴木大拙と、禅などの東洋思想と西洋哲学を統合し、「西田哲学」と呼ばれる独自の哲学を構築した西田幾多郎、この二人の碩学は旧制四高以来の心友でした。

鈴木大拙（本名、貞太郎）は一八七〇（明治三）年、金沢藩の藩医良準の四男一女の末っ子として金沢で生れました。小学校入学後父を亡くします。やがて石川県専門学校（後の第四高等学校）に進みますが、そこで西田幾多郎と出会い、生涯の友として交友を続けることになります。

しかし、大拙は家計が逼迫《ひっぱく》し授業料を払えなくなり退学、十九歳で小学校英語教師となります。さらに追い打ちをかけたのは、一家を支えていた母の死でした。失意の大拙は、富山県の国泰寺で参禅を試みます。

そして、一八九一（明治二十四）年、二十一歳のとき再び学問を志し上京します。

東京専門学校（現早稲田大学）に入り英文学を学びますがこれに飽き足りず、このころ郷里の先輩の早川千吉郎の紹介で、かねて志していた禅を、鎌倉の円覚寺の管長今北洪川とその後継である釈宗演について学びます。

このころ夏目漱石もまたこの円覚寺で参禅していますが、大拙は、『私の履歴書』の中で、「その時分、円覚寺の帰源院に夏目漱石が来て参禅をしておって、わしが翻訳したものを見てもらったことがあるな」と書いています。

一八九二（明治二十五）年、二十二歳で東京帝国大学文科大学選科に入学します。

一八九三（明治二十六）年には、釈宗演がシカゴの万国宗教会議に出席しますが、大拙はこの時の宗演の演説の原稿の英訳を依頼されています。

大拙は、一八九七（明治三十）年、宗演の推薦により渡米し、東洋学者ポール・ケーラスが属する出版社オープン・コート社に勤務しながら勉学に努めました。そこで『大乗起信論』や『大乗仏教概論』などを英語で著し、禅文化ならびに仏教文化を海外に広く紹介し、東西の文化交流に尽力して、仏教学者として世界に知られるところとなります。

一九〇九（明治四十二）年、十二年ぶりに帰国、久しぶりに西田との再会を果たします。そして学習院教授を経て、一九二一（大正十）年、西田らの勧めで真宗大谷大学教授に就任します。以降京都に転居し、京都帝大にいた西田らとの交友を続けながら学究生活を続け、仏教と禅を世界に広めるため活動します。

その翌年、一九四〇（昭和十五）年には、英文で書いた『禅と日本文化』を岩波新書（北川桃雄訳）として刊行、その序文を西田幾多郎が書いています。そこには、西田の見た大拙という人物像が鮮明に描かれています。

君は一見羅漢の如く人間離れをして居るが、而も非常に情に細やかな所がある。無頓着の様であるが、而も事に忠実で綿密である。（中略）しばしば堪え難き人事に遭遇して、困る困るといって居るが、何処か淡々としていつも行雲流水の趣を存して居る。

長い交友のある、心友ならではの言葉です。

しかし大拙は、一九四五（昭和二十）年六月、太平洋戦争敗戦の直前に長い交友のあった西田幾多郎の訃報に接します。大拙はその遺骸の前で号泣したといいます。大拙は、「西田が死んで話し相手がなくて困る、淋しい」と手紙に書いています。

大拙についてとくに注目されるのが海外での活躍です。西欧では伝統的価値観への懐疑や不安から東洋思想への関心が高まり、「禅ブーム」がおこり、D・T・スズキの名は世界に知られるようになりました。

大拙は最晩年になっても学びへの志は衰えを見せず、次のような言葉を残しています。

これからまた（鎌倉の松ヶ岡）文庫に皆がわしをたずねて来るだろう。たずねて来てくれる人はたいてい皆おからだを大事に、と言ってくれるが、本当に大事にしてくれるつもりなら、あんまりたずねて来てくれない方がありがたいな。まだまだ暇がないのだ。

（『私の履歴書』文化人4）

大拙の率直な本音が語られていますが、その恐るべきエネルギーと知的探究心の強靭さには、圧倒されるばかりです。

大拙は晩年鎌倉に住み、自ら創設した松ヶ岡文庫で研究を続けましたが、一九六六（昭和四十一）年に死去します。九十六歳という長い生涯を全うし、学界のみならず、日本文化に計り知れない遺産を遺しました。

鎌倉の東慶寺にある大拙の墓のほど近くに西田幾多郎の墓があります。長年の心友であった二人の碩学が、こうして終《つい》の住処《すみか》も同じくしている姿に感慨深いものがありました。

西田の名は、彼がよく歩いた京都の琵琶湖疏水沿いの「哲学の道」でも知られています。

西田は一八七〇（明治三）年、石川県宇ノ気町（現在のかほく市）に、生まれました。小学校卒業後、石川県師範学校を経て石川県専門学校（後の第四高等学校）に学びます。先に書いたように、ここで鈴木大拙と出会います。この四高時代は、将来の方向を哲学に定めた時期でもあり、西田自身「私の生涯において最も愉快な時期であった」と語っています。しかし、「青年の客気に任せて豪放不羈《ごうほうふき》、何の顧慮する所もなく振舞うた」結果、ここを中途退学することになります。その後東大の哲学科選科に学びます。

東大選科終了後、山口高校教授を経て、金沢の母校四高の教授となります。この四高時代は、「金沢にいた十年の間は私の心身共に壮《さかん》な、人生の最もよき時代であった」と語るとおり、公私共に充足の時代でした。西田は西洋哲学の研究に没頭するとともに、鈴木大拙の影響で禅を学びます。洗心庵の雪門老師らに学び、座禅に専念し、やがて「寸心」居士の号を受けます。

一九一〇（明治四十三）年、京都帝大の助教授となり、やがて教授に就任します。

一九一一（明治四十四）年、近代日本哲学の最初の独創的著作となる『善の研究』を刊行します。これは座禅の修行を勤めつつ四高で学生に講義した講義録をまとめたもので、純粋経験などのキー・ワードをもとに、西洋近代哲学と自身の座禅体験に基づく東洋的思想、心性を総合した独自の哲学体系を目指したものです。これは当時の青年や知識人など多くの人々に大きな影響を与えました。

しかし、一方で若い頃から、生家の没落や相次ぐ家庭的不幸、離婚等を経験し、苦悩の日々を送りました。一九一八（大正七）年には母寅三《とさ》が死去し、その翌年には妻の寿美が倒れて長い闘病生活に入り、続いて長男謙の病死や娘たちの入退院が続くなど、度重なる不幸に暗澹《あんたん》たる日々を過ごしました。

その頃作られた西田の歌を引いておきます。

妻も病み子等亦病みて我宿は夏草のみぞ生ひ繁りぬる

子は右に母は左に床をなべ春は来れども起つ様もなし
かくてのみ生くべきものかこれの世に五年《いつとせ》こなた安き日もなし

名著『善の研究』『思索と体験』などを遺し、「西田哲学」で知られるあの碩学に、こんな不幸の連鎖の日々があったとは寡聞にして知りませんでした。
十八年間に及ぶ京都帝大時代には、三木清や西谷啓治などの哲学者を含め、多くの子弟を育て、独自の西田哲学を樹立しました。
西田が多くの人をひきつけた背景には、その講義や学問の蘊奥《うんのう》もさることながら、西田の人間性への畏敬の念もあったものと思われます。
西田の心友鈴木大拙は、西田は思想家としても人物としても近代日本が生んだ偉大なるものの一人であると言いつつ、「彼を一言で評すると誠実でつきる。彼には詐《いつわ》りとか飾りとかいうものは不思議になかった」と語っています。(「わが友西田幾多郎」『文化と宗教』所収)
まさに誠実で飾らない人柄であったようで、たとえば西田が和辻哲郎の家を訪ねたとき、玄関に出たお手伝いさんは夫人に取り次ぐのに、「変なおじさんが来ています」と言ったという話や、地方講演に行ったときも、迎えに出た人が見逃してしまうほど地味で普段着のままであったという話があります。(『大拙と幾多郎』)
一九二八（昭和三）年、西田は京都帝国大学を定年退職しますが、退職に際して催された会食の席上で西田が述べた言葉が、「或教授の退職の辞」として残されています。それは西田自身の一生を簡潔に物語ったものですが、その初めのほうでこう語ります。

私は今日を以て私の何十年の公生涯を終わったのである。（中略）回顧すれば、私の生涯は極めて簡単なものであった。その前半は黒板を前にして坐した、その後半は黒板を後にして立った。黒板に向かって一回転をなしたといえば、それで私の伝記は尽きるのである。

「黒板に向かって一回転をなしたといえば、それで私の伝記は尽きるのである」という言葉は、きわめて簡潔で切れ味鋭く、しかも味わい深いものであるように思えます。

そして大学を退いたとき、「今までは人のために働いたことが多かったが、これからは自らの研究に没頭するのだ」といって、思索と著述に専念しました。

鈴木大拙と西田幾多郎——その生涯は晩年になっても少しの衰えも見せない二人の碩学の、学問に対する飽くなき執念を物語っているように思います。およそ六十年に及ぶ深い交友と、その学問への真摯な向き合い方に思いを馳せるとき、深い敬意と感動を禁じ得ませんでした。

池島信平交友記

菊池寛が創めた「文藝春秋」を有数の総合雑誌に育て上げ、伝説の名編集長と謳われた池島信平は、その交友の広さでも知られています。

池島信平は一九〇九（明治四十二）年、東京市本郷区春木町に牛乳屋を営む父信之助の二男として生まれました。小学校時代は体が弱く腎臓病を患い、一年間休学をしています。東京府立第五中学校（現都立小石川中等教育学校）を経て東京帝国大学文学部に入学します。

卒業後文藝春秋に入社したのは、総合雑誌として大きく成長した「文藝春秋」の編集長で、作家としても文名を馳《は》せていた菊池寛への憧れがあったからでした。入社試験はかなりの難関で、菊池寛によるとそれほど広告はしなかったにもかかわらず、七百名ほどの応募者があったといいます。結局最終的には六名が合格し入社しましたが、信平もその中の一人でした。

入社した信平は、何よりその自由で独特な社風に驚きます。勤務中もしばしば将棋盤に向き合うほど無類の将棋好きでも知られる菊池寛の独自な個性が、戸惑いを覚えるような社内の雰囲気を作り出していました。ジャーナリストとはこんなものか――信平の予想を超えた世界がそこにありました。

信平が文藝春秋に入社したのは一九三三（昭和八）年で、まず新人六人が雑誌「話」編集部に配属されました。信平の言によると、ここは社会部のような仕事をするところで、ここでたくさんの人と会い、その談話筆記等をして、雑誌記者としての基本を学んだといいます。

またここで、社長にしてこの雑誌の編集長を兼ねた菊池寛の薫陶を受けながら、編集者として順調に成長していきました。文藝春秋社も好調で、一九三五（昭和十）年には芥川賞、直木賞を創設しています。

一方この時期は、戦時体制が急速に進み、言論統制が加速した時代でもありました。国家総動員法が公布されたのが一九三八（昭和十三）年、戦時体制における官製の国民統合組織である大政翼賛会が発会したのが一九四〇（昭和十五）年で、同じ年に言論統制の中心機関である内閣情報局が創設されています。菊池を中心とした雑誌の論調も体制順応、国策への協力の色合いを強めていきました。とくに当局による用紙統制は出版社として死活問題でもありました。

そうした状況のなかで苦悩していた信平は、一九四三（昭和十八）年、「満州文藝春秋社」設立のため、新京に派遣されます。新会社は、社長に菊池寛、専務取締役・永井龍男、取締役・吉川英治などの体制で、信平は編集部長のポストを命じられました。

家族を残して赴任した信平でしたが、寒冷の地での生活は厳しいものがありました。しかし、その翌年には本社に帰任し、「文藝春秋」編集長に指名されます。時局はますます緊迫し、かつての憧れであった編集長という仕事は、信平にとって充足感もなく、居心地もいいものではありませんでした。

戦後、一九四六（昭和二十一）年、文藝春秋社は解散し、新しく文藝春秋新社が設立され、佐佐木茂索社長のもと、信平は取締役編集局長に就任します。その二年後には、菊池寛が急逝します。長年、菊池を師と仰いできた信平にとっては、大きな衝撃でした。

この年、信平は編集局長在任のまま「文藝春秋」編集長を兼務します。ジャーナリスト信平にとっては、やはり現場こそ自らの戦場であり、「文藝春秋」を先頭に立って牽引し、発展を図りたいと考えたのでした。

菊池は、アメリカの雑誌「リーダーズ・ダイジェスト」などを模範にして、「文藝春秋」の革新を図ろうとしました。この点について、こう語っています。

いままでの日本の総合雑誌編集者がむずかしい議論、空疎なイデオロギーというものにこだわって、自分で雑誌を狭くし、読者をみずから自分で限定していた時代に、〈リーダイ〉はかなり高度な内容を持ちながら、実にやさしい形で読者にアピールしている。シュガー・コーテッド（糖衣）といわれる編集法であるが、とにかくどんな記事でも、はじめの五、六行で、すでに読ませる表現法を必ずしている。エピソードでまず出発している。どんな問題でも、初めに読者が読みついたら、最後まで読ませる技術を備えているのに驚いた。日本の編集者も執筆者も、よほどこれは勉強しなければならぬと痛感した。（『文藝春秋編集長』）

「文藝春秋」は信平のもとで順調な発展を続け、一九五五（昭和三十）年には創刊五百号を達成し、発行部数もおよそ五十万部となりました。

信平はまた、座談の名手としても知られ、NHKラジオ「文壇よもやま話」「歴史よもやま話」の名司会者として、その博学と話術の巧みさが多くのファンを魅了しました。

一九六六（昭和四十一）年、佐佐木社長が急逝し、信平はその後を受けて社長に就任します。通常の場合、社長のポストは憧れの終着駅ですが、根っからのジャーナリストで現場好きの信平にとって、このポストはあまり居心地のいいものではなかったようです。しばしば編集部に顔を出し、現場の社員との交歓する時間を楽しみました。

信平の交友範囲はきわめて広く、信平に出会った多くの人がその人柄に深く惹かれるものを感じていたようです。

たとえば今日出海はこう語っています。

男は時には気が滅入ることがあるものだ。そんな時、綿々と愚痴を述べる奴は男とは申し難いが、しかしそれでも滅入ったりした時、酒か友が欲しいものである。池島信平はかかる場合に欠かせぬ友として誰からも、先輩同僚後輩からも慕われる因果な性分を持っていた。だが、池島とても侘しい思いに、ふと捉われることがあるらしい。するとその相手に私が選ばれるのが今までの習いである。

（『雑誌記者』）

うらやましい限りです。こんな友人を持てることは最高の幸せといえます。

また同業で、信平と交友のあった岩波書店の小林勇は、信平と飲んでいて楽しいのは、話がさっぱりしていて、くどくないからいいと語り、またその人柄について、信平ほど怒ったり喧嘩したりすることのない人を、私はあまり知らない、と語っています。（『人はさびしき』）

一九七三（昭和四十八）年二月、信平は湯島天神に観梅に出かけ、その出先で脳卒中の発作を起こして病院に運ばれましたが、そのままそこで最期を迎えました。六十四歳でした。

文藝春秋本社ホールでおこなわれた葬儀と告別式には、現職の総理大臣田中角栄をはじめ各界の著名人が弔問に訪れ、会葬者は四千人を超えたといいます。

今日出海が語っていたように、先輩同僚後輩から慕われた信平ですが、とくに後輩のなかに、信平の信奉者は少なくありません。そのなかから、とくに交友の深かった作家開高健の追悼の言葉を引いておきます。


芥川賞をもらってから文章を売って暮すようになったのだが、以後、池島さんとはアルコール抜きやアルコール入りで冗談、雑談、議論に何度ふけったことだろうか。私のような青二才でものびのびと口をきいて平気でいられる寛大が池島さんにはいつもあった。気さくで、晴朗だったが、どれほど酔っていてもほとんど一分ごとに発射する名言は痛烈に正確であった。しかもそれが熟練のユーモアにやんわりとくるんであるので、相手は一言で封殺されながらも切れ味のあざやかさに感心しつつ笑って黙り込むしかないのである。

（『文学よもやま話』）

そう語った開高も、偶然にも池島と同じこの鎌倉の円覚寺の塔頭松嶺院に眠っています。同じ出版人として長い交友のあった岩波書店の元会長小林勇は池島が亡くなったとき、「幾日もその人のことを思って過ごした」と語っています。その交友の深さを感じ取ることができるように思います。

その出会いの頃について、小林はこう書いています。

池島信平にはじめて会ったのは昭和二十八年であった。その日から忽ち二人は親しくなった。私はその頃盛んに酒を飲んでいたが、彼もまた酒を大いに飲んだ。その日は大日本印刷の招宴で多勢の人がいたけれど、池島は異彩を放っていた。（中略）

初めて会った日から池島は私を勇と呼びすてにし、私は信平と呼んだ。これは池島の生涯の終わるまで変らなかった。私にとって信平は、今までの友人と異なった魅力ある男だった。また信平にも私はめずらしい人間に思われたかもしれない。二人のつき合いは急速に深くなっていった。

（『人はさびしき』）

かくて池島信平と小林勇は無二の親友となり、酒友となりました。先ほど今日出海が、気が滅入ったり落ち込んだ時欠かせない友人が池島信平であると語っていましたが、同様なことを、井上靖が小林について語った言葉があります。

時々、小林さんが健在であったらと思うことがある。かなり烈しい思いで、小林さんと一緒になり、一緒に酒を飲みたいと思うことがある。年々歳々、そうした思いはしげく私を見舞いそうである。私はいつか池島信平さんより十二年も長く生きており、小林さんの場合もまた、いつかその生年を越そうとしている。そのためか、最近小林さんにも、池島さんにも、聞いてもらいたいようなことが、身辺に沢山あることに気付く。そうした時の、そうしたことのできないと知った時の思いは格別である。人生の淋しさというものは、こういうことであろうかと思う。

（『回想　小林勇』）

以上、今日出海、開高健、小林勇、井上靖らの言葉には、池島への熱い思いが深く伝わってきます。池島が出会った人々、その交友の広さと深さに、あらためて感銘を受けました。

西郷隆盛と勝海舟

さまざまな西郷論が錯綜する中で、よく引用される勝海舟の言葉があります。海舟は「おれは、今までに天下で恐ろしいものを二人みた。それは横井小楠と西郷南洲だ」と、その強烈な印象を語っています。

そして、あの有名な江戸開城を前にして、西郷・勝会談のときのことを『氷川清話』の中で次のように語っています。

西郷におよぶことのできないのは、その大胆識と大誠意とにあるのだ。おれの一言を信じて、たった一人で、江戸城に乗り込む。おれだってことに処して、多少の権謀を用いないこともないが、ただこの西郷の至誠は、おれをしてあい欺くことが出来なかった。

このときに際して、小籌浅略《しょうちゅうせんりゃく》（小細工、策略）を事とするのは、かえってこの人のためにはらわたを見すかされるばかりだと思って、おれも至誠をもってこれに応じたから、江戸城受け渡しも、あのとおり立談の間にすんだのさ。

西郷の至誠が海舟に通じ、その至誠と共鳴したということです。そして「西郷の大度洪量」について、官軍が品川まで押し寄せてきて、いまにも江戸城へ攻め入ろうというときに、西郷は勝が出した一本の手紙で談判にやってきた、そんなことは普通の人にはできないことであり、談判には骨が折れたが、官軍にもし西郷がいなければ話はとてもまとまらなかったと海舟は語っています。そしてその談判はこんな風でした。

さて、いよいよ談判になると西郷は、おれのいうことを一々信用してくれ、その間一点の疑念もはさまなかった。

「いろいろむつかしい議論もありましょうが、私が一身にかけてお引き受けします」

西郷のこの一言で江戸百万の生霊（人間）も、その生命と財産とを保つことができ、また徳川氏もその滅亡を免れたのだ。もしこれが他人であったら、いやあなたのいうことは、自家撞着だとか、言行不一致だとか、たくさんの凶徒があのとおり処々に屯集しているのに、恭順の実はどこにあるかとか、いろいろうるさく責めたてるに違いない。万一そうなると、談判は　たちまち破裂だ。しかし西郷はそんなやぼはいわない。その大局を達観して、しかも果断に富んでいたには、おれも感心した。

（「前掲書」）

また勝はこのときの西郷の態度にも感心している。西郷が勝に対して幕府の重臣として敬意を持って相対し、談判のときには終始座を正して手を膝の上にのせ、少しも戦勝の威光で敗軍の将を軽蔑する様子を見せず、その胆量の大きさに敬服した様子を語っている。西郷という人物がいかに果断、礼節、胆量の人であったか、海舟がそれを熱く語っている。

そういう海舟だけに、西郷が西南戦争で敗退し、ついに城山で最期を迎えたことを耳にしたときの衝撃はいかばかりであったか。

その海舟に、「亡友南洲氏を詠む」と題した詩がある。

亡友南洲氏
風雲　大是《たいぜ》を走《すす》む
衣を払って故山に去り
胸襟淡きこと水の如し
悠然として躬耕《きゅうこう》を事とし
嗚呼《ああ》　一高士
豈《あ》に国紀を紊《みだ》す意あらん
甘んじて受く叛賊の訾《そしり》
笑って此の残骸を擲《なげう》ちて
以て数弟子に付す
毀誉　皆な皮相

誰か能く微旨《よびし》を察せん
唯だ　精霊在る有りて
千歳　知己を存す

故人となった親友の西郷南洲は、明治維新の風雲のなかにあって大是、国家の正しい大方針を進めた。そのあと征韓論で野にくだり、俗塵を払って故郷鹿児島に帰った。いつも南洲のこころは水のように淡々として清く澄みわたっていた。故山に帰って、悠然と、みずから田を耕し農事につとめた。ああ、なんたる高潔の士であろうか。どうしてこのような人に国を乱す気持ちなどあろうか。みずから叛賊のそしりをうけた。笑って、残された命を、彼の弟子たちに預けた。南洲をそしるもほめるも、みな皮相な見解であって、誰がよく彼の微旨、おくふかく微妙な胸中を知ることができるであろうか。ただ不思議なこころのはたらきが存在しているからには、千歳の後まで、南洲の知己は存続するであろう。

（林田愼之助『漢詩のこころ 日本名作選』）

海舟の亡友に対する切々たる思いが伝わってきます。林田愼之助氏は維新の英傑たちが、俗臭にまみれてその天真（純粋な心）を忘れ、高位名利に汲々とする中で、死して至誠を貫き通した高士（高潔の士）西郷に対する海舟の頌歌（功績をほめたたえる歌）であるといいます。

たしかに西郷は、名声利欲の塵世《じんせい》を最も嫌悪し、清廉の生き方を大切にしました。それは西郷の多くの詩にも詠まれています。その「器」「器量」の大きさを、海舟は称えたのです。

その海舟だからこそ、心友として西郷と深く心が通じ、あの江戸城開城という大事業が果たされたのでしょう。

第四章

我が師、我が道

河合栄治郎と美濃部達吉

理想主義的自由主義を唱え、資本主義体制や軍国主義を批判した経済学者河合栄治郎は、美濃部達吉の講義を直接聴講した一人ですが、美濃部に深く共感、敬服していました。

激しく動く時代の潮流の中で、学問や思想、言論に対する弾圧は急速に加速されていきます。そんな中で毅然として自説を主張したのが、「天皇機関説」で知られる美濃部達吉でした。

美濃部達吉は一八七三（明治六）年兵庫県生まれ。東京帝大卒業後内務省に入りますが、二年で辞めて大学に戻り、比較法制史研究のためドイツ、フランス、イギリスに留学します。帰国後、東京帝国大学教授をつとめますが、一九一二（明治四十五）年、『憲法講話』を著し、天皇機関説と議院内閣制を展開しました。

天皇機関説は、天皇は法人である国家の最高機関であり、統治権は国家にあるとする憲法学説で、ドイツのイェリネックの国家法人説に基づくものです。この美濃部の主張は、天皇を国家統治の主体であるとする上杉慎吉らとの憲法論争を引き起こしましたが、美濃部の説が当時の学界の定説となりました。

美濃部が自身の学説に対していかに真摯に向き合い、攻撃に対して毅然として立ち向かったかを示すひとつの例があります。

一九三五（昭和十）年二月、貴族院で菊池武夫議員が天皇機関説を取り上げ、これを非難し、美濃部を「学匪」と決め付けました。これに対して、当時勅任を受け貴族院議員であった美濃部は貴族院で一身上の弁明を行い、これに反論しました。そのなかで、

（菊池男爵は）今議会に於きまして再び私の著書を挙げられまして、明白な反逆的思想であると云われ、謀反人であると云われました。又学匪であるとまで断言せられたのであります。日本臣民に取りまして、反逆者である、謀反人であると言われまするのは侮辱此上もないことと存ずるのであります。又学問を専攻して居ります者に取って、学匪と云われますことは、等しく堪え難い侮辱であると存ずるものであります。（『昭和思想集』Ⅱ）

と述べ、貴族院という公の場で、こういう侮辱が加えられたことは到底看過できないと、敢然として反論しました。

一九三二（昭和七）年にはすでに五・一五事件が起り、この天皇機関説が問題化した翌年の一九三六（昭和十一）年には二・二六事件が起こります。そして国家総動員体制の樹立へと時代は急速に突き進み、学問や言論への弾圧が強まる中での、この美濃部の反論は実に気骨あるものであるといえます。

そして美濃部は先の弁明において、問題となった「機関説」について実に詳細に自説を展開し

た後、その結びのところで次のように述べています。

私の切に希望いたしまするのは、若し私の学説に付て批評せられまするならば、処々から拾い集めた断片的な片言隻句を捉えて、徒らに誹謗中傷の言を放たれるのではなく、真に私の著書の全体を通読して、前後の脈絡を明かにし、真の意味を理解して然る後に批評せられたいことであります。これをもって弁明の辞と致します。（「前掲書」）

いかにも美濃部らしい毅然たる反論です。この弁明演説が新聞に載ると、多くの賛美と感動の反響があったということです。

しかし、一九三五（昭和十）年三月二十三日には、衆議院本会議において「国体明徴に関する決議案」が満場一致で可決されました。「国体明徴」とは天皇機関説排除のため軍部や右翼が起こした政治運動のスローガンとも言うべき言葉ですが、この決議が衆議院で可決されたことによって、言論や学問に対する弾圧は一層激しさを加えることとなります。

そしてファシズムの台頭によって軍部、右翼の攻撃は激しくなり、美濃部は公職を追われ、著書も発禁処分となりました。一九三六（昭和十一）年二月には右翼に狙撃されるという事件も起こりました。美濃部の天皇機関説は完全に封殺されたのです。二・二六事件が起こる直前のことでした。

学者であり、闘士であり、豊かな趣味人であった美濃部ですが、そうした幅の広さを持ちつつも、自らの信念に関しては、時代に抗してそれを厳として貫きました。

先にも述べたように、経済学者河合栄治郎は、美濃部の講義を直接聴講した一人ですが、美濃部に深く共感、敬服し、「帝国大学新聞」に「美濃部問題の批判」を発表し、美濃部擁護・天皇機関説排撃派批判の論陣を張っています。さらに、二・二六事件に対しても厳しい批判を展開しています。

河合栄治郎は一八九一（明治二十四）年東京生まれ。東大卒後、農商務省勤務を経て、東大で社会政策を講じました。理想主義の立場からマルクス主義を批判、同じ立場から軍国主義をも厳しく批判しました。このため休職処分となりました。青年教育にも尽力し、彼の編集した学生叢書は当時の青年たちに大きな影響を与えました。

一九三六（昭和十一）年の刊行を開始した日本評論社の『学生叢書』は全十二巻ですが、その責任編集者をつとめたのが河合でした。内容は、『学生と生活』『学生と社会』『学生と読書』『学生と芸術』『学生と哲学』など多岐にわたり、執筆も阿部次郎、安倍能成、倉田百三、斎藤茂吉、谷川徹三、野上弥生子、美濃部達吉ら時代を代表する強力な布陣となっています。

このシリーズは当時の若者たちの圧倒的な支持を受け、版を重ねました。そして、一九四〇（昭和十五）年には河合自身の著作『学生に与う』を刊行しています。本書には、この難局を生きる若者たちに対する河合の期待とメッセージが色濃く反映していますが、その独自の教育論、教養観も展開されています。

河合は一高・東大時代に美濃部達吉に出会い、深い薫陶を受けています。そして、先の美濃部の天皇機関説問題に関しては、機関説排撃派に対して厳しい批判を展開していました。その著『時局と自由主義』の序文でこう書いています。

美濃部問題が起こったのは一昨年の二月であった。私は之に就いて逸早く筆を執りたかったのであるが、その大学に及ぼす影響を考慮したのと、先ず法律学者の批判の現われることを待った為に、四月中旬に初めて筆を執った、今にして考えればその躊躇は不必要でもあり、又賢明でもなかった。現代における筆の力がどれほどであろうとも、云うべき時に云うことの外に、筆を執るものの任務はないと思う。あの事件は私に此のことを教えてくれたのである。

美濃部の天皇機関説が問題化したのが一九三五（昭和十）年でしたが、その翌年には二・二六事件が起こります。この事件に対しても、河合は早速批判を展開します。「二・二六事件の批判」の末尾にはこう書いています。

暴力は一時世を支配しようとも、暴力自体の自壊作用によりて瓦解する。真理は一度地に塗《まみ》れようとも神の永遠の時は真理のものである。この信念こそ吾々が確守すべき武器であり、之あるによって始めて吾々は暴力の前に屹然《きつぜん》として亭立しうるものである。

河合の筆鋒はさらに先鋭化しています。この言葉には、河合が出会い、大きな影響を受けた美濃部の薫陶が、深く息づいているように思います。

矢内原忠雄と新渡戸稲造

かつて東大総長をつとめた矢内原忠雄はある講演で、「人間の一生は神の結び給い又導き給うところでありまして、考えて見ますると、内村、新渡戸両先生なくしては今日の私は無かったのであります。……内村、新渡戸両先生は私にとりては太陽のごとく月の如く、父の如く母の如くである」と語っています。敬愛する師に対する矢内原の溢れる篤い思いが伝わってきます。

新渡戸稲造は一八六二（文久二）年、岩手県生まれ。九歳で上京し、十三歳で東京英語学校に学び、その後札幌農学校の第二期生として入学、同期に内村鑑三がいました。あの有名なクラーク博士は一年で同校を去っていましたが、その薫陶を受けた一期生たちの影響を受け、キリスト教の信仰に入りました。

その後東京帝国大学文学部に入りますが、そこでの教育に失望し、私費で留学し、ジョンズ・ホプキンズ大学に入学、そこでプロテスタントの一派であるクエーカーに出会います。無教会で、非暴力と平和を主導するこの集会所に参加し、そこで同じくクエーカーの女性メアリー・エルキントンと出会い、結婚します。

やがていったん帰国しますが、さらに官費でドイツに留学。ボン大学、ベルリン大学などで農政や農業経済学を学びます。帰国後、母校の札幌農学校、台湾総督府技師、京都大学教授を経て一九〇六（明治三十九）年、一高（第一高等学校）校長に就任し、一九一三（大正二）年まで在任し、多くの学生たちに強い人格的な影響を与えました。そして東大教授、東京女子大学初代学長を勤め、多くの学生たちがその深い薫陶を受けました。

そして一九二〇（大正九）年、第一次世界大戦後創立されたばかりの国際連盟事務次長としてジュネーブに赴任、一九二六（昭和元）年まで在任します。国際連盟での新渡戸の仕事の一つに、戦争回避のために各国の知識人たちに呼びかけた「知的協力委員会」があります。この会には、アインシュタインやキュリー夫人などの著名な知識人が参加し、人類の知的課題と平和の問題などを議論する場となりました。

「太平洋の架け橋」たらんとして、生涯を国際平和のために捧げたその生き方と思想は、多くの人に影響を与えました。

新渡戸の著作の中で、とくに『武士道』は英文で書かれたものですが、日清戦争直後の当時、日本に対する関心が高まっていた時期でもあり、ドイツ語、フランス語、ロシア語など多くの言語に翻訳され、幅広く読まれました。

そしていま、この日本でも、あらためてこの本が読み直され、新渡戸への関心が高まりを見せています。私が多磨霊園の新渡戸の墓の周辺を散策しているとき、その墓を訪ねる人たちにしばしば出会ったのも、その証《あか》しの一つかもしれません。

新渡戸はその後メアリー夫人とともにアメリカに渡り、各地で講演活動を展開していましたが、一九三三（昭和八）年、カナダのバンフでの太平洋会議に出席し、その折腹痛に襲われ当地の病院に入院します。開腹手術の結果、出血性すい臓炎と判明しましたが、そのまま回復することもなく、この異国の地でメアリー夫人に看取られながら静かにその生を閉じたのです。享年七一歳、内村鑑三の没後三年のことでした。

後に、「外国人の妻を残してゆくが、よろしく頼む」と書かれた紙片が残されていました。「太平洋の架け橋」たらんとした初志を、生涯貫き通した人生でした。

先にも述べたように、かつて東大総長をつとめた矢内原忠雄は、太平洋戦争終結後まもない一九四六（昭和二十一）年九月二十七日、内村と新渡戸が学んだ札幌農学校を前身とする北海道大学での講演で、「人間の一生は神の結び給い又導き給うところでありまして、考えて見まするとと、内村、新渡戸両先生なくしては今日の私は無かったのであります。……内村、新渡戸両先生は私にとりては太陽のごとく月の如く、父の如く母の如くである」と語っています。

矢内原は、「内村鑑三と新渡戸稲造」と題するこの講演のなかで、さらにこう続けています。

（内村と新渡戸の）この二人の先生が建てようとした如く日本の国が建てられたならば、日本は今日の悲惨なる国辱・国難を見る事なくして、我々も諸君も平安に学問に従事し、仕事に従事することが出来たであろう。然るにこの両先生の志したところに反対する思想と勢力が日本を指導したが為に、今日の有様となったのである。……二人は日本を潔め、日本を近代的な国として開き、義《ただ》しき国、名誉ある国民となすために、生涯を献げて戦った〈戦の具《うつわ》〉であります。……内村、新渡戸両先生仆《たお》れて、日本の外見は滅びました。しかし之を以て日本国が永久的に奴隷的状態に沈淪《ちんりん》すると思う者に恥辱あれ。私共は崩れるものを崩れさせましょう。誤謬の精神によって指導せられた誤謬の日本は、壊滅するままに壊滅させましょう。しかし神にあってこの愛する日本を復興する道と力と志は、内村、新渡戸両先生のあとを嗣いで、我々がみずから立たなければならないのです。そして立ち得るのです。

戦後の混乱と閉塞感の支配する状況のなか、矢内原は、内村、新渡戸の志を継承することの重さについて、熱く語りかけたのです。

矢内原忠雄は一八九三（明治二十六）年愛媛県生まれ。医者である父から武士道の薫陶を受け、また第一高等学校では、当時校長であった新渡戸稲造から深い影響を受け、内村鑑三の聖書研究会に入門を許され、熱烈なキリスト教徒となりました。

矢内原は当時のことをこう書いています。

新渡戸先生が私どもに人間の自由ということについて、自由と責任ということについて、深い教えをされたということは、内村鑑三先生の信仰に基づいての教えと相並んで、私という人間を組み立てた、たて糸、よこ糸となっているといっていいと思うんです。

（『矢内原忠雄全集』）

矢内原には学究と信仰一筋というイメージがありますが、大学卒業後いったん当時の住友総本店に就職し、別子鉱業所に勤務しました。そして三年後、国際連盟事務次長に転出した新渡戸稲造教授の後を継いで、母校の東大経済学部助教授として植民政策の講座を担当しました。そして『植民及植民政策』『帝国主義下の台湾』『満州問題』などの著作を通じて植民地の実態や植民政策について鋭い分析と批判を示しました。

日本が全体主義、国家主義へと突き進むなか、その一つのシンボリックな事件というべき二・二六事件が起こった一九三六（昭和十一）年に矢内原の講義を聞いた山下次郎（後の東大教授）は、こう書いています。

それは昭和十一年のことで、二・二六事件の年のことです。矢内原先生の講義は烈しいものでした。先生は我々に富の再生産ということを講義された時に、〈同じ米の飯であっても、職工の食べる飯と兵隊の食べる飯とでは経済上の価値が異うのである。一方は再生産に用いられるが、一方は無駄に消費されてしまう〉というような事をいわれました。先生はその時にきっとイザヤの言葉を思いうかべておられたのでしょう。

（『矢内原忠雄伝』）

その舌鋒の鋭さに、逆境のなかでの矢内原の強靭な意志と信念を見ることが出来ます。

さらに一九三七（昭和十二）年、盧溝橋事件直後に「中央公論」誌上に発表した「国家の理想」は反戦思想として大学の内外から激しい攻撃を受けることとなりました。しかし矢内原はその後も信念を変えることなく執筆と発言を続けました。しかしながら批判と攻撃は一層激しくなり、ついにその職を辞することになります。

そして一九四五（昭和二十）年、敗戦のあと再び東大教授として復帰し、経済学部長、教養学部長を経た後、南原繁総長の後を受けて東大総長に就任しました。その傍《かたわ》ら、今井館聖書講堂での日曜聖書講義を続けました。

ここに『現代に求められる教養を問う』という一書があります。「新渡戸稲造、南原繁、矢内原忠雄、吉田富三に学ぶ」という副題がつけられておりますが、この本の編者は東大医学部長などを勤めた鴨下重彦です。南原や矢内原の弟子や後継者ではなく、医学者である鴨下の編著であることにも、南原繁や矢内原忠雄の影響力の大きさや薫陶の深さを示すものとして興味深いものがあります。

その中で鴨下は矢内原忠雄の現代的意義についてこう語っています。

今、我々が先生から学ばなければならない第一のことは、やはりキリスト者としての真実な先生の生きざまです。単に信仰を持っていたということでなく、先生の場合、優れた伝道者であり、正義を重んじ、悪と戦う預言者としての風格、資質というか、権威を持っておられたと思います。

戦前、ファッショ、軍国主義、帝国主義に抗して叫び声を上げていた人物は本当に数少ない。その意味で先生は、一貫性のある平和主義者であったと言えます。それだけ、時代を超えた説得力があります。

矢内原は一九六一（昭和三十六）年、六十八歳でその生涯を閉じます。矢内原が最も好んだ言葉が「真実」という言葉でした。長男伊作は、父忠雄が最後を過ごした病室の壁には自筆の書が掛けてあったといい、「そこには父の特愛の聖句の軸物があり、また〈単純〉と書かれた色紙、〈真実〉と書かれた色紙があった。単純と真実、これが父の思想の、またその生涯のライトモチーフだったと言ってもいいだろう」（『矢内原忠雄伝』）と書いています。「単純と真実」、その言葉に、矢内原が新渡戸から受けた薫陶の重さを見ることができるように思います。

朝永振一郎と仁科芳雄

多磨霊園に物理学者・仁科芳雄博士の墓を訪ねたとき、仁科の墓碑のすぐ隣に博士の弟子である、ノーベル物理学賞の受賞者・朝永振一郎のやや小ぶりな墓碑がありました。師の傍らに寄り添うように立つその姿には、どこか感動を誘うものがあり、心を打たれ、足を止めたのでした。多くの墓が一墓所に一家族という一般的な形をとっている中で、こうした師弟が寄り添うように建つ墓はきわめて異例です。

仁科芳雄は一八九〇（明治二十三）年岡山生まれ。東京帝国大学電気工学科を卒業後、理化学研究所に入り、ヨーロッパに留学。イギリスのケンブリッジ大学でラザフォードのもとに学び、さらにデンマークのコペンハーゲンにおいてニールス・ボーアのもとで研究に従事しました。一九二八（昭和三）年に帰国、同研究所で原子核・宇宙線・素粒子論の研究に没頭し、その分野での日本の発展に指導的役割を果しました。日本初のサイクロトロンの建設者でもあり、多くの後進の育成にも成果を挙げました。

弟子の朝永振一郎によると、その研究は、当時の日本のように人びとが世界の大勢に無知であり、大規模な近代的な科学の方法を知らない風土の中では多くの困難を伴ったといいます。

しかし仁科は、必要の前にはいかなる困難も辞さないという信念を崩さず、超人的な熱意と努力でそれを遂行し、そのためには個人的な生活のすべてを犠牲にして、寝食を忘れて取り組んだといいます。

さらに朝永はこう書いています。

先生は実にお忙しいかたであった。そして死の直前までそうであった。科学研究所の社長、日本学術会議副会長、ユネスコ協力会会長、その他沢山の責任あるお仕事を引きうけて、どの方面でも他の人ではできない活動をしておられた。日本人の間ではまれにみる精力、幅のひろい理解力、遠大な見とおしと、あくまでそれを実現しようとする熱意などで、先生は今の日本に欠くことのできない人物であった。

（「科学」一九五一年四月号）

また、物理学者で、『仁科芳雄　日本の原子科学の曙』の編者である玉木英彦、江沢洋は、同書の中でこう書いています。

仁科博士は〈親方〉と呼ばれ慕われました。これはその人柄によることももちろんですが、また、全く新しい性格の学問を日本の地に根づかせる役割を担った人の宿命をも感じさせます。原子核物理学の実験という仕事は、チームの力と巨大な装置を必要とし、したがって種々の現実的な算段を避けられないものとしました。博士は、日本で最初の、現代的ビッグ・サイエンスの組織者としての役割をも生きたのです。

この二つの引用で、仁科の人物像が鮮明に浮かび上がってきます。単に研究者として有能であったばかりでなく、組織者としても類稀《たぐい》な力量の持ち主であった親分仁科が活写されているように思います。

しかし、そうしたいわば先覚者としての道を歩むことは、相当な重圧と困難を伴うものでした。そんな無理が重なり、ついに病に倒れます。一九五〇（昭和二十五）年秋、岡山から九州までの講演旅行を済ませて帰京した仁科は、そのまま病床につき、再び回復することはありませんでした。予定されていた還暦の祝賀行事も中止となりました。そして、翌一九五一（昭和二十六）年一月十日、肝臓がんのためその生涯を閉じました。享年六十一歳でした。

病床で詠んだ次の一句が遺されました。

働きて働きて病む秋の暮れ

日本の物理学発展のために生涯を捧げた仁科の深い思いが、この短い言葉の中に凝縮されているように思います。

その仁科の墓に、まさに寄り添うように建っているのが、ノーベル物理学賞受賞者朝永振一郎の墓です。墓碑には武見太郎の書で、「朝永振一郎　師とともに眠る」と刻されています。それは堂々とした仁科の墓に比べて、小ぶりで地味な感じで、朝永の謙虚な人柄を偲ばせるものがあります。

朝永は一九〇六（明治三十九）年東京都生まれ。旧制京都府立第一中学校五年のときアインシュタインが来日し、それに刺激されて物理学の本を読み漁り、時間空間の相対性、四次元の世界、非ユークリッド幾何学の世界に触れ、その神秘的な世界に魅了されました。「物理学というものはなんと不思議な世界を持っていることよ、こういう世界のことを研究する学問とはどんなすばらしいものであろうか」と朝永は書いています。

そして京都帝国大学物理学科に進み、卒業後副手として大学に残ります。同じ研究室には、後に日本人初のノーベル賞受賞者となる湯川秀樹がいました。朝永はしかし、この研究室時代、自身の進路に迷い悶々とした苦悩の日々を過ごします。

その頃、ボーアの下で量子力学の研究を続けていた仁科芳雄が帰国し京大で講義する機会があり、朝永はそれに深い感銘を受けます。

　仁科先生の滞在は一ヶ月ほどであったと思う。しかしその短い間に先生のわれわれに与えた印象は、全く強烈であった。その講義は物理的肉づけと哲学的背景をたっぷりもったものであって、今までもやもやとしていたことがらもそれを聞いたとたんに明確になる、といったものであった。それにもまして、講義のあとの論議は忘れられないものであった。

（『朝永振一郎著作集』）

朝永はそこで受けた衝撃をこのように書いています。

その後仁科芳雄に誘われ理化学研究所に入り、仁科のもとで宇宙線・原子核の理論的研究に従事しました。一九三七（昭和十二）年からはドイツのハイゼンベルクのもとで原子核理論などの研究に没頭します。帰国後は理化学研究所研究員、東京文理大教授、京大基礎物理学研究所教授などを歴任し、東京教育大学学長などもつとめています。

一九六五（昭和四十）年には湯川秀樹に続いてノーベル物理学賞を受賞しました。また日本学術会議会長などを務め、核兵器廃絶を訴え、科学者の平和運動に積極的に参加し、一九六九（昭和四十四）年には湯川秀樹、川端康成らの主唱する世界平和七人委員会に加わるなど幅広く活動しました。

一九七八（昭和五十三）年、食事が喉につかえる症状があってガン研で受診の結果、食道がんの診断を下され、その年の暮れにガン研付属病院に入院、手術を受け、翌一九七九（昭和五十四）年夏、七十三年の生涯を閉じました。

朝永の葬儀で葬儀委員長をつとめたのは同じく仁科のもとで研究に従事した武見太郎でした。その武見は弔辞の中で次のように述べています。

あなたは、仁科先生のもとですべての研究者の信望を一身に集められて、御自分の専攻の分野を著しく推進されました。
あなたの物理学における研究の態度は、当時の後輩あるいは若い研究者に対して、大きな影響を与えたことはいうまでもありません。そして晩年において、あなたがノーベル賞を得られたとき、仁科先生が生きていて下さったらなあ、という、あなたの心から出たその声は、私の耳から一生消えないでありましょう。
師の恩に報いること厚いあなたの人格が、この一語にあらわれていました。

（『回想の朝永振一郎』）

この言葉から、朝永の墓が仁科の墓に寄り添うように建っていることの意味を読み取ることができるように思います。
また、朝永の妻・領子には、夫の発病から納骨までを詠んだ歌がありますが、その中からいくつかを拾ってみました。（「前掲書」）

癌やみて余命を知りしわが夫《つま》は未完の原稿仕上げ急ぎし
死期迫る夫《つま》はメロンの一滴《しずく》ふくみてうましと云ふごとうなづく

細りたる夫《つま》の足拭《ふ》きひたすらに吾れは祈りぬ又歩む日を
あかときに亡き人の夢みつづけて今日のひと日を心なぎゐぬ

夫人が詠んだほかの多くの歌についても同様ですが、そこには夫妻の強い絆と夫人の深い思いが熱く伝わってきます。

余命を知りつつ最後まで残された仕事に取り組んだその姿は、「働きて働きて」と詠んだ師・仁科の逝き方に深く重なるものがあるように思います。

高い名声のみが語られる二人ですが、その陰にはたゆみない努力とそれを支える不屈の信念があったのです。

小林正樹と會津八一

映画監督小林正樹には、学生時代以来薫陶を受けた會津八一と映画監督の木下恵介という二人の心酔する人物がいました。

ここでは、〝生涯の師〟と仰いだ會津八一との交流について見ていきます。

『切腹』や『人間の條件』、そして『東京裁判』などの名作で知られる小林正樹は、一貫して反権力、反戦、平和、ヒューマニズムを訴える作品を作ってきました。

小林は一九一六（大正五）年、北海道に生まれます。一九四一（昭和十六）年、早稲田大学文学部を卒業して松竹に助監督として入社、一九五二（昭和二十七）年に『息子の青春』を監督第一作として発表します。

一九五九（昭和三十四）年から一九六一（昭和三十六）年にかけて、日本人の戦争責任に真っ向から取り組んだ『人間の條件』六部作を九時間の大作として発表し、高い評価を受けます。一九六二（昭和三十七）年のカンヌ国際映画祭審査員特別賞を得た『切腹』などが相次ぎ、国際的にも知られる監督となります。

『人間の條件』で主役を演じた仲代達也は、小林についてこう語っています。

今、三十年余りの歳月を経て気付くのは、先生と共に仕事した歳月の中で……ものをつくるというのはどういう事なのか……その姿勢を身をもって体験できたことの尊さである。（中略）一生涯よりよきものを作り続けようということは、結局人間の気迫と執念、集中力と持続力、情熱と純粋性の問題だと五十歳を過ぎてはっきり思う。

小林正樹という人は、そのすべてを持っていて、しかもそうした凄い個性のもたらす、やっかいさ、人の世の中での生きにくさに一歩もたじろがず、厳然として自分を貫いている人だ。

（『映画監督　小林正樹』）

小林という人物とその仕事に対する厳しさを、見事に描き出した言葉です。

また、長篇ドキュメンタリーとして『東京裁判』（一九八三）がありますが、小林はこの作品について、「この映画にも平和への悲願みたいなものが込められています。人間の業みたいなものを、世界の人にくみ取ってもらえたらと思っています」と語っています。（「週刊現代」）

この言葉は、こうした反戦・平和をテーマとした小林の志を感じさせるものですが、さらに小林はこうも語っています。

私の作品系列の中に戦争を題材にした一連の作品がある。

私はこれらの作品の中で戦争のおそろしさ、むなしさ、おろかさを一貫したテーマとして訴え続けてきたつもりである。

完成、未完成のこれらの映画をたどっていくと行きつくところは、太平洋戦争の終着点であり、戦後の出発点である東京裁判（極東国際軍事裁判）という巨大な遺産にぶち当たってしまう。東京裁判への挑戦なくしてはわたしの戦争映画は終わらない、いつかは、私の戦争映画の集大成として正面から取り組みたい題材であった。（『映画監督　小林正樹』）

冒頭にも述べたように、小林には、学生時代以来薫陶を受けた會津八一と映画監督の木下恵介という二人の心酔する人物がいました。小林はこの二人について、「僕にはいつも會津八一先生と木下恵介監督という二人の恩人に見せて恥ずかしくないものをという気持ちがありました。完璧主義を通したのも、そういう支えがあったからです」と語っています。

その會津について小林はこう語っています。


私の恩師である會津八一先生は偉大なる学者であり、芸術家である。私は芸術家である先生に非常に惹かれるところが多かった。印、名器、古瓦、仏像などの考証学的な講義を通して全く逆な芸術的世界に私を引きずり込んでしまう。

先生は大変な粗食家である。食べるものを惜しんで中国の原書を或いは美術品を買いもとめた。その代わり人にも粗食を強いた。いつお邪魔してもモリ（そば）二個ときまっていた。

私は何年も通い続けてモリ以外口にしたことがなかった。それでいて私はいつも芸術的興奮に充たされて先生の家を去ったのを覚えている。ただ卒業した時である。先生の家には、私のためにお赤飯と鯛のおかしらが用意されていた。今でも先生と向いあって赤飯を食べ、鯛をつついたあの不思議な感動を忘れない。

食事を終わった先生は筆を執って学規を書いて下さった。学規は先生が子弟と認めた人にだけ書き送る人間の書である。学規は次の四ヶ条である。

一、ふかくこの生を愛すべし
一、かえりみて己を知るべし
一、学芸を以て性を養うべし
一、日々新面目あるべし

人間として生きることの尊さ、学問の深さ、芸術の厳しさをこれほど的確に表現した言葉はない。

私はこの学規を座右銘として深く心に刻み、もう十数年映画の道を歩んできた。学規に恥じない映画を創ることを望みながら。

（「キネマ旬報」一九六二年五月上旬号『映画監督　小林正樹』所収）

学者として、芸術家として、そして教師としての會津八一の人間像や人生観、社会観が鮮やかに描かれていると同時に、師を思う小林の深い心情を読み取ることができます。

會津八一は早稲田高等学院教授を経て、一九二六（大正十五）年四月から早稲田大学文学部で東洋美術史を講義することとなります。そして一九三八（昭和十三）年四月には文学部哲学科に芸術学専攻が置かれ會津は専攻主任となり、日本美術史・東洋美術史を担当します。小林はその時芸術学専攻に入学し、會津の指導を受けることとなりました。これが、小林と會津八一との出会いでした。

その頃のことを大橋一章は、「学芸を実践する會津を目の当たりにすると、大学では新設されたばかりの芸術学専攻を希望し、會津の東洋美術史の研究を積極的に吸収する。おそらく小林は會津の学芸を学ぶことが、映画の道を究めることにつながると自覚していたのであろう」と書いています。（「小林正樹の作品世界と會津八一」『映画監督　小林正樹』所収）

さらに、小林が文学部芸術学専攻に進学後、昭和十三年、十四年、十五年に會津の講義を記したノート八冊が世田谷文学館に収蔵されており、それは、「一言半句も聞き落とさないように、集中する教室の小林の姿をありありと思い浮かばせるノートである。同時に、會津に対する尊敬と心酔が入り混じる小林の心中が見え隠れする」と書いています。

晩年、小林は記録映画でやってみたいことの一つとして、「會津先生の記録映画」を挙げて、「先生には『鹿鳴集』という奈良をうたった歌集があります。その中から三十首ほどを選んで、それを先生が書いた奈良の寺、仏像、風土をミックスさせながら、會津先生の芸術の世界を描いてみたい。結局、ぼくの美意識の根源は會津八一先生なのです」と書いています。（傍点筆者『映画監督　小林正樹』所収）

「僕の美意識の根源は會津八一」というフレーズは、まさに、小林正樹の創造の原点、あるいは生き方の根底に、會津八一との出会いがあったことを物語っています。

第五章 「自然」と出会う

尾崎喜八　高原暦日

これまで、人との出会いが、ひとりの人間の人生にとっていかに重くて深いものであるかを見てきました。しかし井上靖も語っていたように、人の生涯における出会いはもっとさまざまで、それぞれがその人の人生を彩っているのです。本章では、自然との出会いを見ていきます。

尾崎喜八は高原の詩人とも呼ばれ、その人生と作品に自然との交感を詠んだものが多くみられます。その背景に、当時未だ畑や山林が広がっていた東京の荻窪や善福寺、太平洋戦争後移住した長野県の富士見高原などでの生活体験があります。

尾崎は一八九二（明治二十五）年、裕福な廻漕店を営む尾崎喜三郎の長男として東京・京橋に生まれます。

小学生の頃から読書好きで、自然に親しむことを好む少年でした。京華商業学校卒業後は、独学で英語のほかにドイツ語やフランス語を学びます。

二十歳の頃、雑誌「スバル」などで高村光太郎の名を知り、白樺派の理想主義の影響下で詩作を始めます。また、ロマン・ロランの『今日の音楽家』やベルリオーズの『自伝と書翰』など多くの外国作家の作品の翻訳を刊行し、またそこから詩作を学びます。

関東大震災後、東京郊外の高井戸村など都内で半農生活を営みながら、自然観察にも熱中し、詩作を続け、『旅と滞在』『山の絵本』『雲と草原』などの作品を発表します。

尾崎は自然を単に鑑賞するだけでなく、自ら半農の生活を営み、自然を観察し、登山に熱中し、そしてまた自然地理学や気象学の勉強に励むなど、自然詩人の本格派ともいえる独自の存在感を示しています。文芸評論家河盛好蔵は、尾崎の自然との向き合い方についてこう書いています。

このことは彼の自然観察が精妙で具体的であり、彼が単に自然を観照するだけではなく、自然の中に没入して、自然とともに生き、自然との親密な対話を通して、自然との調和、形而上学的若しくは宗教的な調和を希求していることをよく示している。

（『新装日本の詩歌17』）

一九四五（昭和二十）年、尾崎は空襲で家を焼かれます。戦争が終わったあと、戦時中、自らの詩作を通じて戦争に加担したことに深く苛《さいな》まれます。しかしまた、戦後五十四歳の尾崎はこう語っています。

たとえ戦争による心身の深い痛手がなくても、もう人生の迷いの夢から醒めていい年齢だった。この上は全く無名者としてよみがえり、ただびととして生き、艱難も屈辱もあまんじて受けて、今度こそは字義どおり、また永年の念願どおり山野の自然に没入して万象との敬虔な融和のなかに魂の平和をつむぎ、新生の美しい視野を得なければならない。

（『新装日本の詩歌17』）

人生の折り返し点というべきこの頃、喜八もまた大きな転換点に立っていたのでした。そして、翌一九四六（昭和二十一）年には長野県富士見村に移住します。ここは尾崎の娘栄子が、結核療養のため富士見高原のサナトリウムで入院治療中の夫のために滞在していたところで、尾崎夫妻の移住は娘栄子の勧めによるものでした。

尾崎らが住んだのは元伯爵渡部家の別荘分水荘の一部でしたが、寒くて暗く、心身にこたえ、しかも経済的にも苦しい時代でした。

しかし、そうした過酷な条件下で、尾崎は土地の人びととの交流にもつとめ、一九五二（昭和二十七）年に世田谷区上野毛に移るまで、この高原を拠点に暮らしました。

この高原との出会いが、尾崎にとって掛け替えのないものとなり、創造の原点となりました。尾崎はこの地で、『高原暦日』『美しき視野』『碧い遠方』などの作品を残しています。そしてこの高原で、人間と自然の交感の意味を深く実感し、『高原暦日』の中でこう書いています。

こうして日は過ぎ、またあすが来る。清明な露の夜明けと、溢れる美酒のような光の真昼と、満ち足りた午後につづく瞑想の夕べや、若葉や花にかぐわしい夜が。苦行に倒れた若い釈迦に、一椀の牝牛の乳を供した女は誰か。樹々のあいだ、山の中、さてはきれぎれの雲が遊ぶ高原の広がりに、一年の最も美々しい時間が鳴りひびく時、私は人間と自然との無限の恩寵に生きている。どんなに価なく見える物も私を富ませ、どんなに単純な外観からも深遠な意味を私は汲み取る。私は心情と全感覚を傾けて供せられるすべてを味わい、すべての物におのれを与えて無数の生を生きるのだ。

尾崎と親交のあった串田孫一は、尾崎の詩の要素、尾崎に詩を懐胎させるものは、広いさまざまな意味を含めた言葉で言えば、愛、自然、芸術と並べられるかとも思うが、もう少し具体的な名称で言えば、草木、鳥、虫、雲、星、時には岩石、それらのものが豊かにある田園、山である、と語っています。（『尾崎喜八詩集』）

後に刊行される、最高傑作といわれる『花咲ける孤独』は、この地（富士見高原）での体験から生まれました。

この作品について、詩人の伊藤海彦はこう語っています。

この詩集は喜八の詩集中最も秀れたものと編者は思う。恐らくこの高峰がなかったら喜八は近代詩人ではありえても現代へとつながる詩人とはならなかったかも知れないとさえ思う。それにしてもこの詩集の題の何と意味ふかく美しいことか。いつの世でも詩人がその真価を提示するとき、見えざるものに確乎として手をふれその名を明かすとき、かならず孤独でなければならなかったし、他人の目にはどうであれ、その詩人にとってその孤独こそ花咲けるものだったにちがいないから。

（「尾崎喜八資料」第八号）

およそ六年の富士見高原滞在後、帰京してからも『田舎のモーツァルト』『尾崎喜八詩文集』などを刊行、また西洋音楽にも造詣の深かった喜八が、「芸術新潮」に連載した「音楽と求道」は、後に『音楽への愛と感謝』として刊行されています。

この「音楽と求道」の執筆は、晩年の喜八に対して、かけがえのない至福のときをもたらしたようです。

波乱と苦難に満ちた人生でしたが、虚名や虚栄から距離を置き、清貧に甘んじて自らの信念を貫いた充足の人生でもありました。その晩年には、こんな味わい深い言葉を遺しています。

静かに賢く老いるということは
満ちてくつろいだ願わしい境地だ

（「春愁」より）

最後に、その一節を含む一作を引いておきます。

春　愁

静かに賢く老いるということは
満ちてくつろいだ願わしい境地だ、
今日しも春がはじまったという
木々の芽立ちと若草の岡のなぞえに
赤々と光たゆたう夕日のように。

だが自分にもあった青春の
燃える愛や衝動や仕事への奮闘、
その得意と蹉跌の年々《としどし》に
この賢さ、この澄み晴れた成熟の
ついに間に合わなかったことが悔やまれる。

ふたたび春のはじまる時、

もう梅の田舎の夕日の色や
暫しを照らす谷間の宵の明星に
遠く来た人生とおのが青春を惜しむということ、
これをしもまた一つの春愁というべきであろうか。

西郷隆盛と南島

西郷について語られるとき、どうしてもその輝ける時代、激動の日々に重点が置かれるのは止むを得ないところでしょう。それは歴史を語る上で重要なポイントであるし、ドラマチックで興味が尽きません。

一方、この「光」の時代、「動」の時代に比べて、西郷が歴史の表舞台から退いていたいわば「陰」の時代、「静」の時代についてはそれほどのドラマもなく、また派手な動きなどもないこともあって、一般にはあまり興味を持たれていないように思われます。

しかし、この時期が西郷にとっては大きな意味を持つものであり、たとえば二度にわたる南島での体験は苦難の日々ではありましたが、その思索と学びのときが西郷の人間形成、思想形成に大きな意味を持つ時間となりました。

以下では、二度目の流島となった沖永良部という南海の小さな島で、自然と対話し、思索を深めた西郷の日々を見つめます。ただ、この時期は、西郷がいわば主役として光が当てられた時期に比べると記録や文書は少なく、しかも西郷は日記を残していません。そのためか、これまであまり注目されてきませんでした。

西郷には奄美大島での潜居に続き、文久二年（一八六二）八月から元治元年（一八六四）二月まで、およそ一年半ほどの沖永良部島での流島体験があります。

先にも述べたように、この奄美大島龍郷での潜居の時期や沖永良部島での流人の時期は、苦難の時期でありながら一方でまたとない学びのときであり、内面的には極めて豊穣の時期でもありました。

とくに沖永良部島の日々は、単に知的な生産という意味を超えてさらに深い思索と経験の日々でもありました。

ここではまず政治学者で評論家の橋川文三氏の語るところを聞いてみます。橋川氏は西郷にとって島の時代が極めて大事だといいます。それをまず島尾敏雄氏との対談の中に見てみます。

島尾「僕はまあ、西郷はやりませんけど、西郷を書くとしたら、西郷と島との問題をやります。彼が島から受けた開眼というか、島でなにをみたか、ということですね。もう明らかに、本土とは違うんですから。生活、風習、言葉……すべてがね。西郷はそこから、きっとなにかを学んでいると思います。」

橋川「ぼくはまだ、デッサン以前の段階ですけど、わかりそうなのは、こういうことです。西郷が島からなにを学んだか、なにをみたか、ということは、西郷が他の維新の連中と、違うことでわかるんです。それでは、西郷をして、他の連中と異ならしめたものはなにか。それはいまのところ、ぼくには規定ができない。たとえば、内村鑑三の場合は、西郷はなにかをみたに違いない、そういうある確信をもって、西郷論を書いている。内村がプロットしたもの、そのあたりのへんが、解けてくるんです。内村鑑三と西郷を結びつけるという、意味ではなくてね。つまり、西郷が島でみたものは、日本人の政治家が昔から、そして、いまもなお、みなかったものなんです。」

橋川氏は西郷が島で何かを見たことが、ほかの維新の政治家たちと決定的に違うところだと強調します。そしてこう語っています。

離島時代の西郷にあたらないと、あとは、維新のピーヒャラ・ドンドンになる。威勢のいいことばかりやる、悲愴なる大英雄みたいなの書いたってだめだという、そのことは、前から感じていた。西郷にとっては、島の時代が大事なんだ。だから、離島時代さえ書ければ……。ある意味で、いわゆる西郷論、西郷をめぐる論議は、消えるのではないかと思うんです。

離島時代の西郷をきちっと書くことがより深い西郷理解につながるという、橋川氏の確信が語られています。そしてその西郷の思想を育んだのが沖永良部島という島の特殊な条件であるという。その特殊な条件とは何か。

橋川氏はほかのところでこう語っています。

沖永良部というのは、本当にちっちゃな島です。だから、島というよりは、妙な表現になりますけれども、ある種の抽象された島なんですね。一日ちょっと歩けば、端から端までめぐってしまう。つまり、天空を地球がぐるぐると廻っているように、小さな島であるがゆえに世界の全体であるような感じがしてくる。一種の錯覚かもしれないが、西郷さんは沖永良部にきて、そこが大変大きな世界であることに気づく。まるで地球の縮図のように思ったとしても、私はおかしくないという感じがします。奄美大島ですと、なまじっか山や谷があったりしますから、かえって、世界が見えない。島の封鎖性、閉じこめられたという感覚のほうが、強く働いてしまう。それに引き換え、沖永良部は、まわりが全部空と海です。その広々とした空間に、ぽつんと芥子粒のような島がある。これはちょうど、世界全体のミニチュア、地球の縮図のようになるんですね。だから逆に、拡がっていく感覚が持てる。そして、西郷さんが、そういう不思議な拡がりを感じて、もうここを離れたくないという気持ちになる。

（以上、『西郷隆盛紀行』）

たしかに、この島での日々が、西郷の独自の自然観、人間観、敬天の思想、死生観を育てるために資するところが少なくなかったといえます。

私も二度ほどこの島を訪れたことがありますが、やはり本土やほかの離島とも違うこの島の持つ独自の風土性やそれが発するメッセージを、かすかながら感じることができたような気がしました。

もちろん、いまは鹿児島からの航空便もあり、また、花の島としても知られる穏やかな表情を見せるこの島への一度や二度の訪問で、西郷の体験した思索の深さを共感することには無理があるでしょう。ただ、この島での困苦を極めた日々の中で、そして広い空と海に囲まれて、深く自己の内部に分け入り、思索を深めた西郷の不屈ともいうべき勁さに思いを馳せることも意味のないことではないと思います。

そして橋川氏は「住むところで、人間はまるっきり変わってしまうことがある」ともいっています。それはもちろん西郷のことを指しているのですが、これを少し敷衍して「住むところで、読書の内容も変わってしまう」ともいえるのではないでしょうか。

西郷は島に多くの書籍を携行していましたが、島の旧家である操家の漢籍などにも接することができました。その豊富な書籍群は、沖永良部島というこの特殊な環境の中で読まれることによって、西郷により強いメッセージを伝え、西郷の思索をいっそう深めることになったのではないでしょうか。

孤独の幽囚の時間、広く果てしない海と空、そうした環境は、本土の私宅の書斎とは明らかに異質なものであったでしょう。それが書を読むという行為に影響を与えないということは考えにくい。もちろん読書だけではありません。この島の自然と、そこで生きる名も無き人々の日々の営みから西郷が感じ取ったものは少なくないといえます。
もう一つ、沖永良部時代の西郷について語る渡辺京二氏の言葉を取り上げます。紙幅がないので、短い引用ですが、極めて示唆的な言葉を拾ってみます。

第一回の滞島（注、奄美大島）のときは、ふたたび政治の前線に立つ日を今日か今日かと待ちかねていたので自然癇癪も起り、毎日が苦痛でならなかったが、今度（注、沖永良部島）は島から二度と出ようとは思わないので、〔何の苦もなく安心なもの〕だというのである。赦免があっても滞島を願い出るつもりだという。最後に有名な一句が来る。〔馬鹿等敷《ばからしき》忠義立ては取止め申し候。御見限り下さるべく候〕。これは実は、自分は薩藩家臣団の一員としての昨日までの自分ではなく、今日すでにあなたがたの知らぬ異界の人となったという意味である。その異界とは月照から森山新蔵にいたる死者の国であることはいうをまたぬ。だが私の考えでは、この死者の国が同時に西郷が南島で見た生ける民の国でもあることが、西郷論において決定的に重要なポイントである。
（『日本近代の逆説』）

西郷が見た「生ける民の国」、その古今変わらざる島の生活のリズムに西郷は心を奪われたと渡辺氏はいいます。それは国家や権力から最も遠い民の生活の位相であり、そのような民の生活の位相の悠久さに対する思いは、彼の遺した詩の中にも深く詠まれています。つまり西郷は南島での自分の存在の仕方を一種の理想ないし原基点とみなしていたと渡辺氏は言います。さらに「南島における西郷について重要なのは、彼は島人に何を与えたかということではなく島人から何を与えられたかということである」と語っています。

西郷はあるときは島民のために心を尽くし、島の子供たちの学びを援けたりしましたが、実は西郷自身が島や島の人々から学ぶところ、得るところが少なくなかったという指摘は重要です。

わずか一年半ほどの短い期間ではありましたが、西郷にとってこの島との出会いは何物にも代えがたく、かつ重いもので、その後の西郷の行動にさまざまな影を落とすことになります。最後に、この沖永良部時代の西郷の心情を詠んだと見られる一首を引いておきます。

海水洋々万里《ばんり》に流れ
晩来無事吟魂《ばんらいぶじぎんこん》を為す
琉球の邦域雲際《ほういきうんさい》に連《つらな》り
三十余洲一様の秋

果てしない海に囲まれ、やがて暮れてくると詩作への思いに誘われるという、西郷の深い心情を詠ったものです。「吟魂」とは、うた心あるいは詩情という意味です。

「海水洋々」「雲際」そして「秋」などの言葉に、果てしなく続く空と海、そしてそこで営まれる人々の生への西郷の深い思いを見ることができるように思います。それは、「生きている」というより、「生かされている」という感覚といったほうがいいかもしれません。

それこそ、西郷が島とその自然から与えられた豊穣な恵みと言えます。

ソローとウォールデン

人間にとって自然とは何か、生きるとはどういうことかという問いに向き合うとき、きわめて示唆的な一冊の本があります。H・D・ソローの『森の生活』です。

周知のように、『森の生活』は、ソローが人里離れたウォールデン湖畔の森の中で二年あまりの生活を送った日々の記録です。彼はそこで四季の移ろい、人事、そして時代や文明を透徹した眼で眺め、記録しています。その森での生活は一般に言う脱俗隠棲というものではありません。また反社会、脱社会という性格のものでもありませんでした。生活の拠点を森に置きながら彼はしばしば村に出かけ、また多くの人々が彼のもとを訪れました。

しかし、軸足をしっかりと森に据え、労働と思索を中心とした簡素な生活を営みつつ、その独自な経験の中から、実在を見失い虚栄と虚妄に狂奔する人々や時代を批判し、生きることの意味を問いかけています。

ソローとウォールデンの森との出会い、そこから私たち現代人が学ぶべきことは少なくありません。

では、ソローにとって森での生活とは、自然とは、そして野性とはどういう意味を持つ存在だったのでしょうか。ソローは森とその周辺の散策のなかで、自然を克明に観察し、そのなかで暮らす喜びを書き綴っています。自然という存在は、ソローにさまざまな感動を伝え、発見を促すものでした。そして、その自然の中にあるとき、何物にも代え難い孤独の喜びを味わうことになります。

私自身の折りにふれての経験によると、たとえ気の毒な人間嫌いや、ひどい憂鬱症にかかった者でも、このうえなく親切でやさしい、けがれのない、心の励みになる交際相手は、自然界の事物のなかに発見できるものである。「自然」のまっただなかで暮らし、自分の五感をしっかりと失わないでいる人間は、ひどく暗い憂鬱症にとりつかれることなどあり得ない。四季を友として生きるかぎり、私はなにがあろうと人生を重荷と感じることはないだろう。

（飯田実訳『森の生活』以下、ソローの言葉は同書による）

ソローにとっては、文字通り四季が友達であり、自然はやさしく情け深い交際仲間でした。しばしば彼は、森での生活は寂しく、孤独ではないか、という問いかけを受けました。もちろん、自ら選択した森での生活が孤独であろうはずはなく、むしろ、そこは進んで住みたい場所の一つであったのです。その住みたい場所というのは、人々が群れているところ、たとえば駅とか郵便局、酒場、教会堂、学校、食料品店などの近くではなく、「永遠の生命の泉があふれ出ている」

場所の近くであり、「賢い人が自分の（こころの）地下室を掘る」場所であると言います。

ソローは日課である散歩の途中出会った小さな雑草や枯れ葉にも思いを寄せます。そして、そのような自然の静寂が、彼にとってはある種の癒しと励ましの泉となるのです。彼にとって、自然のなかで暮らすことは永遠の生命にふれることであり、そしてまた自分を「掘る」ことによって自分と向き合う時間を持つということでした。群衆のなかの賑わいよりも、自然のなかの孤独な時間の方が、ずっと豊饒だということなのです。

ここではソローの眼に映った自然の営み、それにふれることのみずみずしい感動の記述の一節を見てみましょう。


太陽のぬくもりがしみじみとありがたく感じられる秋晴れの一日、こうした小高い丘の上の切り株に腰かけて湖を見おろしながら、水面に映る空や木々のあいだに次から次へと波紋が刻まれてゆくのを観察するのは、心の休まるひとときである（波紋がなければ水面とは気づかないほどだ）。ちょうど花瓶の水を揺すると、ふるえる波紋が縁《ふち》に押し寄せてから、またすっかり静まりかえるように、このひろびろとした水面では、どんな騒ぎが起こっても、たちまち静められ、なだめられてしまう。……この湖で起こる現象は、なんと平和に満ちているることであろう！　おかげで人間の営みまでが、春にめぐり合ったかのように輝いている。そう、ありとあらゆる木の葉や小枝、石ころやクモの巣が、いまこのまっ昼間、あたかも春の朝露に濡れそぼったように光り輝いているではないか。オールや昆虫の動きのいっさいが、まばゆいばかりにきらめいているではないか！　しかもオールが水に落ちるとき、なんという美しいこだまが返ってくることか！

自然の営みの神秘、その永続性、そしてそれを観るものの感動が克明に描かれています。それはまた、そこに生きる人間の営みとも響きあいます。

先の引用はウォールデンの湖に関する記述の一部ですが、彼の観察の眼は多岐にわたっており、そこで自然のなかで暮らすことの喜びと感動とが詳細に記録されています。そして、もちろん彼の日記にも、朝の晴朗さ、鳥のさえずり、光の輝きなどから感じられる神聖で不滅なものへの感動が記されています。

自然の営みにふれる日々は、また新たな発見につながる日々でもありました。その発見の重要なものの一つが、すでに人々が失ってしまった、あるいは排除してきた、野性の生命力というテーマでした。

自然と親しくすることによって、自然のほうからもまたこちらに近づいてくる。たとえば、漁夫や猟師や木こりなどは、自然の一部として生涯を野や森で過ごすわけですから、自然のほうでも、その人たちには恐れることなく自分をさらけ出し、語りかけてきます。それは、哲学者や詩人には経験できないことだと言います。

人々は野性というものにもっと眼を向け、その意味を発見することが必要ではないのか。人々にとって、野性とはある意味で強壮剤であると言います。だからわたしたちにとって、自然や野性は、開発や探索の対象として過度に介入すべきものではなく、神秘なままそっとしておくべきものなのです。ソローにとって自然は、その営みの永遠性、それに対する人間の限界性など、さまざまな発見と教訓をもたらしてくれる、かけがえのない貴重な存在でした。

かくて森での生活は、ソローにとってはまさに新しい時間の発見でもあったのです。

悠然たる時間、そのような自由な時間を過ごすことのできる充足感、それは、まさに「花開く現在」を大切にすること、そして「生活に広い余白」を残すことによって得られるものであると言います。自然と対話し、その声に耳を傾けながら過ごす時間の充足感、幸福感、それこそが、ソローにとってかけがえのない贅沢な時間だったのです。

ソローは世間の常識からすると、貧しく孤独な時間を過ごしているように見えますが、しかし彼にとっては、それこそまさに贅沢な時間だったのです。

ソローの時間はまた、物理的に切り刻まれた時間、スケジュールや予定や慣習に規制された時間とはまったく異質なものでした。それはいわば自然の時間の流れ、花や鳥たちの「時間」に通じるものでした。

ソローは語ります。

楽しみをそとの世界に求めて、社交界や劇場におもむくひとびとに比べると、私の暮らし方には少なくともひとつの強みがあった。つまり、自分の暮らしそのものが楽しみであり、いつも新鮮さを失わなかったことだ。それはつぎつぎと場面が変わる、終わりのないドラマのようなものだった。もしわれわれが、つねにしっかりと生計を立て、自分が学んできたなかでも最終的にいちばんよいと考える方法で生活を規制してゆくならば、決して倦怠感に悩まされることはないだろう。自己の天分になるべく忠実に生きてゆくならば、刻一刻と新しい展望がひらけてくるはずだ。

ウォールデンにおけるソローの生き方は、世間の常識からすると、単調で非生産的なものに見えるかもしれません。しかし自然を相手に、ともに語り、ともに過ごす時間こそ、何物にも規制されない、かけがえのない至福の時だったのです。一見平凡に見えるその日その日が、刻一刻と変化する新鮮な発見の日々であり、かけがえのない「いま」という時間なのでした。そしてその背景にあったのが、自分の内部に生活の根拠を持ち、自分の天分になるべく忠実に、言い換えれば自分の視点を尊重し、そして自分のリズムで生きていくという思想と哲学でした。

以上は、『森の生活』のほんの一端を覗いたにすぎません。私たちにとって、ソローの生き方を追随することなど、多くの場合現実に不可能でしょう。もちろん、日常の組織やしがらみから離脱することも容易ではありません。

しかし、わたしたちはそこに、わたしたちの時代や文化が抱える課題と深くかかわる問題を読みとることができます。そこには、近代という時代が(あるいはわれわれにとっては「二十世紀という世紀が」と言っていいかもしれない)置き去りにした、《もう一つの座標軸》の存在に気付かせる契機があるように思われます。「簡素で、ありのままの生き方」「真に自分らしく生きたといえる人生」「豊かさとはなにか」「より高い法則」「無限のものとのつながり」などの問題は、ソローが生き、そして問いかけたテーマであるとともに、いまわたしたちが生きている現代という時代においても、依然として〝重い〟意味を持つ問いでもあります。

かつて、著名な環境運動家ディヴィッド・ブロウアーは、「一世紀以上もまえに、ヘンリー・ディヴィッド・ソローが書いたものには、彼の時代よりも、むしろわれわれの時代にふさわしいものが多いとわたしには思える。自然界と文明の世界とはいっしょに生きねばならず、さもなければ別々に死滅しなければならないことを、いまのわれわれなら証明できる」と書きました。(H・D・ソロー、E・ポーター『野性にこそ世界の救い』酒井雅之訳)

それが一九六二(昭和三十七)年のことです。それからさらに六十年ほど経ち、ソローが『森の生活』を書いてから一世紀半を超える時を経たいま、彼の語りかける言葉はいっそう新鮮で重いものと感じられてくるのです。

野上弥生子　山よりの手紙

野上弥生子は老いてなお長く続いた軽井沢の山荘生活について、「おくべき場所に身をおいた思い」と語っていますが、独り居を楽しみながら、自然をかけがえのない伴走者として生き、最後の最後まで現役を貫き通したその姿は、深い感動を呼びます。

作家の小池真理子はこう書いています。

野上弥生子という作家に私が急に親しみを覚えるようになったのは、長じた弥生子が人生のうちのおよそ半分近くと言っていいほどの長い歳月を北軽井沢の山荘で過ごした、ということを知ったからだ。（中略）人の住んでいない熊やキツネ、テンやウサギがいる森の中で、たった独り、怖がるでもなく、さびしがるでもなく淡々と日々の暮らしを営み、本を読み、思索し、原稿用紙にペンを走らせていた野上弥生子の姿には、素朴な美しさを感じる。

（『精選女性随筆集』10）

その強固な精神と、たゆまざる知への関心、そこから紡ぎ出される作品の数々とその生き方は、多くの人々を感動に誘います。

野上弥生子は一八八五（明治十八）年、大分県臼杵町に酒造家小手川角三郎・マサの長女として生まれました。小学校卒業後、才気煥発のこの少女は、当時まだ稀有の例であった女学校への進学を決意します。当時臼杵の町には女学校はなく、東京の叔父小手川豊次郎のもとに寄宿し、明治女学校に入学します。

明治女学校はキリスト教精神に基づく独自の教育方針を掲げた学校で、北村透谷や島崎藤村も教鞭をとりました。新宿中村屋の創業者で、多くの作家や芸術家を支援した相馬黒光や、自由学園の創立者で、「婦人之友」を創刊した羽仁もと子らを輩出したことでも知られています。

その規則や伝統に捉われない自由な雰囲気は弥生子に合っていたようで、この学校で学んだことは、弥生子に大きな影響を与えました。

授業のほかに、時折各界の名士の講演会が開かれたりしていましたが、生徒たちにとってはこれも大きな刺激になっていたようで、弥生子はとくに内村鑑三の講演に感動したといっています。

在学中、英語の家庭教師をつとめたのが、後に夫となる野上豊一郎でした。豊一郎は弥生子より二歳年長ですが、弥生子と同じ臼杵町の出身で、当時東京帝国大学英文科に在学中でした。豊一郎が夏目漱石の門下であったこともあり、弥生子は漱石に学び、影響を受けることになります。漱石生誕百年記念に際して弥生子が行った講演を記録した「夏目先生の思い出」には、その師弟の交流が記録されています。

一九〇六（明治三十九）年、明治女学校卒業後、弥生子は豊一郎と結婚します。その翌年には、高浜虚子の「ホトトギス」に『縁』を発表して作家デビューしています。

その後、『海神丸』『真知子』『迷路』等を発表しますが、八十歳を目前にして書いた『秀吉と利休』は、政治の世界の人間秀吉と芸術家である人間利休の対立と葛藤を描いたものとして高い評価を受けました。また、自らの少女時代の回想をもとにした『森』は、八十七歳の時の起筆作ですが、完結には至らず絶筆となりました。

弥生子は、作家と言われることにためらいを感じつつ、こう語っています。

作家っていわれるけれども、第一自分の書斎ができたのはいつごろだろう。主人《あるじ》なきあとの空巣ねらいで、……（笑）。三人の子供たちが育つにつれて、彼らには勉強部屋をあてがってやらねばならないでしょう。私がでんと机に座って、女流作家になることはできなかったのよ。ですから、私は女流作家なんていわれると、面映いよりも何か喜劇的に感じてしまう。この頃でこそ、私も世間ずれして、悪者になって、作家といわれても否定しないけれども、ものを書き出したのも、明治女学校へいった時と同じで、ついふらふらと。それからは辛抱強く続けてきただけなんです。

私、結婚してものを書こうとは思わなかったけれど、何か知識を求めるとか、人間的に成長するとか、そういうことは続けたかった。

（「前掲書」）

謙虚でありつつ、その後の創作活動の原点ともいうべき強靭な意思を感じさせる言葉です。一九六三（昭和三十八）年には、「中央公論」に連載していた『秀吉と利休』が完結していま す。弥生子は齢七十八歳を数えていましたが、その後二十年余りを生きることになります。冒頭でも述べたように、弥生子は何より山荘での自然の中の独居を楽しんでいました。その悦びと感動を物語る言葉に、随所で出会います。そのひとつ。

夏とてまだ名ばかりの山の冷えは、夕方近くなると、さかんに焚いてちょうど良いほどです。私は反対側の椅子にもたれ、人語を聞かず、ただ鳥声の言葉通りで、その鳥たちさえすでに啼きやんだ高原いったいを包むしんしんと深い静寂を、いっそそれで諧調づける薪のばちばち鳴る音に耳を貸していると、あらためておくべき場所に身をおいた思いに打たれるのでした。

（「山よりの手紙」）

「おくべき場所に身をおいた」という言葉が、印象的です。こうした至福の時間と空間の中で、多くの作品を生み出した弥生子の生涯は、かけがえのない充足のときであったといえます。

高齢に達し、老いとうまく折り合いをつけながら、充足の日々を過ごす、――「おくべき場所に身をおいた」という弥生子の言葉は、あのシャンソン歌手の石井好子の言葉を思い出させます。石井は、長い歌手人生の終り近くになって、忍び寄る老いを感じつつも、そのままの自分を受け入れ、歌い続けましたが、その石井の語った言葉が、「私はいま石井好子を歌っている」「自分はここにあるんだ」というものでした。

また、弥生子の、自然と交感して生きる山荘の生活を、作家岩橋邦枝はこう語っています。

山荘は最良の仕事場というだけでなく、彼女が山住みの環境からぞんぶんに恵みをうけ悦楽にひたっているのが、よくわかる。彼女の健康な長寿も、山住みのおかげが大きい。弥生子の作品は、『迷路』の軽井沢の風物や、『森』の学園を取り巻く四季の描写はもとより、短い随筆でも、自然への親愛から生まれるこまやかな生き生きとした自然描写が出色で、その感性と描写力は年をとっても衰えを見せない。（『評伝野上弥生子——迷路を抜けて森へ』）

そして、その創作意欲は、最晩年に至っても衰えることがありませんでした。

一九八四（昭和五十九）年、白寿を迎えた弥生子は丸の内の東京會舘で開かれた白寿を祝う会に出席し、執筆への意欲を語りましたが、その翌年、一九八五（昭和六十）年三月二十九日、成城の自宅で倒れ、その翌日九十九歳の生涯を閉じました。百歳まであと三十日あまりを残すばかりでした。葬儀は本願寺和田堀廟所で行われ、葬儀委員長を谷川徹三、司会を大江健三郎がつとめました。

最後に、作家加賀乙彦の、追悼の言葉の一部を引いておきます。

野上さんはおのれの世界を、勤勉と努力によって一歩一歩築きあげてこられた方だ。知識が人間を豊かにし、思索が体系をつくっていくというのは教養の理想だが、野上さんにはこの明治の人の理想が生きていた。そのため、ちょっとしたエッセイを読んでも、久しぶりにお会いして一言二言お聞きしても、私はかならず何かを教えられるのだった。〝先生〟と呼ばれるのを非常に嫌っておられたけど、先生とお呼びしたい気持ちが、私にはしばしば起こるのだった。

（『弔辞大全』）

弥生子は武者小路実篤、北原白秋、土岐善麿らと同じ一八八五（明治十八）年生まれでした。同年代の彼らに比してはるかに長い時間を生き、そして最後まで創作の意欲を失うことはありませんでした。

また、野上弥生子が生まれた年は、日本の内閣制度が制定され、伊藤博文が初代総理大臣に就いた年でした。それからほぼ一世紀、日本の近現代の激動とともに歩んだ人生でした。

「山住みの環境からぞんぶんに恵みをうけた」と語られる弥生子の山荘の日々は、自然とと、も、に、い、生き、そこから豊穣な作品を生み出した、まさにおくべき場所に身をおいた人生であったと言えます。

第六章　「機会《チャンス》」と出会う

堀内敬三とミシガン大学、ＭＩＴ大学院

『リゴレット』の中の「風の中の羽のように　いつも変る女心」、『ミニヨン』の中の「君よ知るや南の国」などのフレーズは、今でもよく知られていますが、現在でもよく売れている藤原義江のＣＤには、堀内敬三訳詩のものが少なくありません。

このほかの例を少し挙げておきますと、

「さらば愛の家」（プッチーニ、歌劇『蝶々夫人』）
「岩にもたれた」（オーベール、歌劇『フラ・ディアボロ』）
「舟唄」（オッフェンバック、歌劇『ホフマン物語』）
「スワニー河」（フォスター）
「サンタ・ルチア」（コットラウ）
「冬の星座」（ウイリアム・ヘイス）

など、懐かしい曲名が並びます。

堀内敬三は、かつて作曲家、作詞家、訳詩家、音楽評論家、オペラ演出家、ラジオの名曲解説者など、その幅広い仕事で高い人気を博していました。

その堀内が、アメリカのミシガン大学や名門ＭＩＴ（マサチューセッツ工科大学）の修士課程で学んだ技術エリートであることはあまり知られていません。これらの大学とその所在地であるシカゴやボストンとの出会いが、堀内の人生に大きく影を落とすことになるのです。

音楽評論家の宮沢縦一は、堀内について、「永遠の音楽青年で、根っからのロマンチスト。頭脳明晰でも決して冷たくなく、今に残るオペラや歌曲の名訳をものにし、驚くばかりの広範囲の物しり博士で、〈話の泉〉というＮＨＫの人気番組の常連の解説者として鳴らし、作曲もすればオペラの演出も手がけと、行くとして可ならないものがない方だった。そして最後が今に続くラジオ番組〈話の泉〉。その解説は内容もさることながら、話の間、寄席に通って噺家のはなし方を研究されただけの事はあるとつくづく感心した」（堀内和夫『「音楽の泉」の人堀内敬三』）と語っています。

宮沢はこれに続けて、堀内の「音楽の泉」を聞いてクラシック音楽に目覚め、好きになったという人が結構いると書いています。私の周囲にもそういう人たちがいました。

宮沢の言葉は、簡潔的確に堀内を語ったものですが、以下、堀内自身の著書『夢の交響楽』や堀内の長男和夫が書いた『「音楽の泉」の人堀内敬三——その時代と生涯』などを参考にしながら、簡単にその経歴をたどっておきます。

堀内敬三は、一八九七（明治三十）年、東京鍛冶町の浅田飴本舗の堀内伊太郎の三男として生まれました。幼少期から、町回りの広告宣伝の吹奏楽隊「ジンタ」に惹かれ、その後をついて回るほどでした。堀内の随筆集『ヂンタ以来』の題名は、これに因《ちな》んでいます。

東京高等師範学校附属小学校に入学し、そこで「牛若丸」「浦島太郎」「金太郎」などの唱歌の作曲者、田村虎蔵の強い影響を受け、音楽への関心を深めます。この頃、日比谷音楽堂で聞いた陸軍戸山学校軍楽隊の吹奏楽を聴いて大きな感動を受け、音楽への愛着をいっそう深めていきます。

一方で機関車への愛着も強く、今でいう鉄道マニアの先駆でもありました。

一九一〇（明治四十三）年、同師範附属中学に入学します。学業の傍《かたわ》ら音楽に傾倒し、ピアノや和声学、そしてフランス語の勉強にも熱中しました。すでに在学中に歌劇『ミニヨン』のアリア「君よ知るや南の国」の翻訳なども手がけています。

親交のあったオペラ歌手藤原義江はこう語っています。


僕が始めて堀内さんに逢ったのは、大正十二年、彼がミシガン大学を終え、ボストンのMITを卒業してアメリカから帰り、僕がイタリア各国を回って帰った時で、それぞれ二十七才と二十六才の時だった。帝国劇場での僕の独唱会の司会者として堀内さんを迎えたのだが、伊庭孝氏が紹介役であった。僕は大分前から彼の歌詞を歌っていたので、もっと年配の人かと思っていたのだが、僕よりたった一つ年上との事。それでは、あんなにいろいろある歌詞は彼が十五、六才の頃に訳したことになる。歌劇『ミニヨン』の中の『君よ知るや南の国』などずいぶん美文でロマンチックなのだが、そんな若い頃の訳かと驚いた。其の歌詞がいわゆる西洋音楽を人々に親しませたきっかけになったともいえるのだ。

（『藤原義江——流転七十五年　オペラと恋の半生』）

私もまた、よく知られたこのアリアの訳詩が堀内の十五、六歳の頃の仕事と聞いて驚きました。

一九一七（大正六）年、堀内はミシガン大学で機械工学を学ぶために留学します。先にも述べましたが、堀内の大学での専門が機械工学であったとは意外でした。実は音楽の勉強では賛成が得られず、もう一つの趣味であった蒸気機関車に縁のある自動車工学を専攻するためでした。専門学科で学ぶ傍ら、音楽学部の専攻科で音楽を学びます。この地は自動車産業が盛んでしたが、また教育と文化の中心地でもありました。大学では一流のオーケストラを招いて音楽祭が開催されるなど、豊かな音楽の環境にも恵まれていました。週末にはデトロイトで演奏会やオペラを楽しみました。

堀内は本来の専門を軽視することなく真摯に学び、やがてそれをさらに深めるために、理工系の最高学府であるＭＩＴの大学院に進学します。ＭＩＴでは、理工系の大学でありながら文科系の学科の履修も重視され、ここで学んだことが、堀内の幅広い教養の素地となりました。

ただ、その学究生活は相当ハードなものでした。堀内自身、こう語っています。

ＭＩＴでは専門学科のほかに文化学科をやらなくてはならない。私は第一年に欧州文学を、第二年に英米文学をやった。これは毎週指定された範囲内の小説を一冊読んで、読後感みたいなものをタイプライターで四枚か五枚叩いて出さなければならない。専門学科の宿題が毎晩十二時前後までかかるから、それから寝床に紙と鉛筆を持ち込んで午前二時ごろまで文学の方の宿題を読んだ。この文化学科を必ずやらせるアメリカの大学制度は大変いいと思う。私はミシガン時代にも理工関係の学科以外に英文学・経済学・広告学等々を面白く勉強したが、ドイツ語の上級では科学科本を教科書に使ったので、先史学・細菌学などという私の全く知らなかった学問の入り口までも覗くことができた。しかし文化学科でもＭＩＴは猛烈で、とにかく専門以外の文学書を二年間に七十何冊か読まされ、その報告を七十幾通か書かされたわけだから「選択科目」などというのん気なものではなかった。この調子でほかの全学科が押しよせてくる……。動力学、静力学・熱力学・水力学・機械設計・工場設計・工場経営・金属学・工作材料……、学科が面白いから辛くはなかったが、骨が折れた。

（『夢の交響楽』）

いささか引用が長くなったのは、堀内がハードな環境に向き合いつつ、むしろそれを利用して積極的に幅広い分野の知識を吸収していくポジティブな姿勢を感じさせるものであり、そのことがこの若き学徒の精神形成に寄与するところ大であったことを語りたかったからです。

　同時に、大学はあのボストン交響楽団で知られるボストンにあり、ここでも堀内は豊かな文化的な環境の中で得がたい音楽体験をしています。さらにニューヨークにまで足を延ばし、オペラの演奏会を楽しんでいます。この留学時代の出会いと経験が、堀内にとって大きな人生の転換のきっかけともなりました。

　一九二三（大正十二）年、ＭＩＴの修士課程を修了し帰国の途に着きますが、その船中に関東大震災が起こり、横浜着の予定が神戸に変更されました。その翌年には、留学中に知り合った中沢竹子と結婚しています。

　一九二五（大正十四）年に東洋音楽学校（現東京音楽大学）の講師に就任します。

以降、堀内は、日本に於ける西洋音楽の普及・啓蒙家として、オペラの演出、訳詩、作詞、作曲、音楽の解説者、出演者として、あるいは楽団の世話役、音楽之友社の創立等、実に多彩な活動を展開しています。堀内の訳詩による歌曲は、今でも広く歌われていますがこのほかに、あの慶応義塾大学の応援歌「若き血」の作詞作曲なども手がけています。まだ日本にプロ野球のなかった時代、早慶戦は絶大な人気を誇っていましたが、堀内の「若き血」は、神宮球場の応援合戦に大きな華を添えるものとなりました。

　しかし何と言っても特筆すべきは、堀内のラジオ放送における大きな業績でしょう。

日本におけるラジオ放送は、一九二三（大正十四）年、東京放送局開設に始まるわけですが、堀内はその草創期から、この新しいメディアにかかわってきました。堀内は嘱託として音楽番組の責任者をつとめています。少人数のスタッフで企画、演出、編成を手がけ、徐々に成果を上げました。堀内のさまざまな経験とキャリア、そしてアメリカ留学中にラジオに親しんでいたことが、大きな力となりました。

しかし、堀内のラジオに対する貢献は、こうした音楽番組の領域に止まりませんでした。自ら企画者として、あるいは構成者としてのみならず、出演者としてこのメディアに関わり、ラジオの黄金時代を築く功労者となりました。

その代表的な番組が、ＮＨＫの「話の泉」と「音楽の泉」です。

終戦直後の一九四六（昭和二十一）年に始まった「話の泉」は、アメリカのクイズ番組「インフォーメーション・プリーズ」の日本版ですが、たちまち人気番組となりました。堀内のほかに徳川夢声、サトウハチロー、渡辺紳一郎、大田黒元雄らがレギュラーをつとめました。まだテレビのなかった時代、その新鮮な企画と、魅力的な出演者たちが、国民の圧倒的な支持を受けました。そして一九六四（昭和三十九）年まで二十年近くも続く長寿番組となりました。

もう一つは「音楽の泉」です。

この番組は一九四九（昭和二十四）年に第一回が放送され、以降、現在まで続く長寿番組となりました。

毎週日曜日の午前八時に始まるこの番組は、その内容はもちろん、堀内のやわらかく平易な話し方が人気を集め、新しい洋楽ファンを広く開拓していきました。シューベルトの「楽興の時」のテーマ音楽と堀内の語り口に、今でも多くの人が熱い思い出を持っているようです。

一九七六（昭和五十一）年、長い交友関係にあった藤原義江が亡くなり、堀内はその音楽葬の葬儀委員長をつとめました。しかし、堀内自身このころ大病を経験し、徐々に衰弱していきました。

一九八三（昭和五十八）年風邪で発熱し入院、その後肺炎のためその生を閉じました。満八十五歳十ヵ月の、限りなく密度の濃い、充足の生涯であったといえます。

河合隼雄とカリフォルニア大学ロサンゼルス校

日本の代表的な心理学者で、文化庁長官も務めた河合隼雄氏が、理学部数学科（京大）の卒業であることとは、あまり知られていません。臨床心理学、ユング心理学にとどまらず、数多くの日本文化論や日本人の精神史などの著作でも知られている河合氏だけに、その方向を決定づけたものは何か、どんな出会いがそこにあったのかは、興味あるところです。まず、その前後の氏の歩みをたどってみます。

河合氏は一九二八（昭和三）年、兵庫県多紀郡篠山町（現丹波篠山市）に、六人兄弟の五番目として生まれました。父は当地で歯科医をしていました。兵庫県立鳳鳴高等学校を経て旧制神戸工業専門学校（現神戸大学工学部）を卒業し、京都大学理学部数学科に進みます。

理系の中で京大数学科を選んだのは、製図や実験のないところを志望したことと、もともと数学が良くできたからと語っています。

京大ではあまり勉強は好きではなく、数学の研究者になるなどは一切胸中にありませんでした。もともと教えることは好きで塾で教えたりしていましたが、卒業後は高校教師となりました。当時は一生高校教師をつとめると決心していました。同時に、マンネリを防ぎ、生徒とのコミュニケーションを深めるために、京都大学の大学院で心理学を学んでいました。教師と院生という二重の生活を選択したのでした。三年間の高校教師を務めた後、天理大学の講師となります。

一方で大学での心理学の授業には満足できず、自分の学びたいことを学ぶためには、アメリカに行くほかはないと考えます。このアメリカ留学が、河合氏にとっては大きな転機になるわけですが、河合氏は当時のことをこう語っています。多少引用が長くなりますが、このところはいわば河合氏の人生の出会いと選択に関わるところなので原文を引いておきます。

> 心理学を学び始めてしばらくして、自分のやりたい心理学、つまり臨床心理学を学ぶためには、アメリカに行くより仕方がないと思った。日本には正直なところ指導者がいない、と思った。
>
> 心理学を学び始めたころ、私はどうしても心理療法やカウンセリングができなかった。自信がなかったのである。人間のために役立つことをする前に、人間を「知る」ことが大切と思われた。そこで、ロールシャッハ・テストという心理テスト（実はこれはテストではないと思うようになったが）にのめり込んだ。ロールシャッハ法に関する当時の権威であるブルーノ・クロッパーの本を、一字一句おろそかにせぬ態度で読んだが、どうしてもわからぬところがある。どうせ駄目とは思いつつ質問の手紙を書いた。驚いたことに、クロッパーから返事があって、それは自分のミスである、しかし、これまでそれを指摘した人は一人もな

かった、とある。私は驚き、喜んだ。このことが私のアメリカ留学の気持ちを促進した。

（「序説　ユング心理学に学ぶ」『河合隼雄著作集1』）

このことに加えて、河合氏がアメリカ留学の意志を強めた要因として、一九五七（昭和三十二）年に京都大学で行われたアメリカ・セミナーでのミシガン大学のボーデン教授の講義を聴講したことがありました。それは、河合氏が持っていた心理療法やカウンセリングへの疑問を氷解させるものでした。

そしてこう語っています。

留学に際して、クロッパーとボーデンの両先生のどちらの方に行くかで大いに迷った。ボーデン先生には直接接して、その偉さがよくわかっている。にもかかわらずクロッパー先生を選んだのは、やはり、見も知らぬ日本人にあれだけ率直な返事を下さった、という事実が大きく作用していたと思う。そして、自分では気がついていなかったが、この選択は、将来私がユング心理学を学ぶことに繫がっていたのである。

（「前掲書」）

一九五九（昭和三十四）年、フルブライト留学生として、カリフォルニア大学ロサンゼルス校大学院のクロッパー教授の下で学ぶことになります。

こうして、日本からアメリカへ、クロッパー教授との出会いからユング心理学へという出会いと選択が、河合氏の人生を大きく変えることになるのです。そして、クロッパー教授らの推薦で、スイスのユング研究所へ留学することになります。

こうした河合氏の歩んだ道にはまことに興味深いものがありますが、その人生と人物像について、河合氏の長男で京大教授の河合俊雄氏はこう語っています。

> 常に今を生きている人だった。そして何かを目標にしたりしていたのではなくて、今を懸命に、そして楽しく生きているうちに、「まさか」ということが数多く展開していったのが河合隼雄の人生であったことが、本書（『河合隼雄自伝』）を読むと如実にわかると思われる。数学を学んでいて、まさか心理学を研究するようになるとは思ってもいなかっただろうし、心理学の道に入ってきてもまさかユング派の分析家になるとは考えていなかっただろうし、ましては自分の考えや著書がこれほど世の中に受け入れられるようになるとは夢にも思っていなかっただろう。
>
> （『河合隼雄自伝』）

さまざまな人と出会い、数多くの転機を経てきた河合隼雄氏を簡潔に語った言葉ですが、「今を生きている人」という表現が印象的です。

ユング研究所への留学のあと、河合氏は日本人初のユング派分析家資格を取得します。帰国後は天理大学を経て京都大学教授として、研究、教育、臨床に努めるかたわら、執筆活動やテレビ出演等を通じて広く知られるところとなります。それは、臨床心理学の分野にとどまらず、広く日本社会論、日本文化論、日本人の精神史に及ぶものとなっています。

河合氏はその後国際日本文化研究センター所長、そして文化庁長官を歴任しますが、長官在任中に脳梗塞で倒れ意識が回復することなく、二〇〇七（平成十九）年七月、逝去しました。享年七十九歳でした。

二〇一二（平成二十四）年、一般財団法人河合隼雄財団が設立され、「河合隼雄物語賞・学芸賞」が創設されました。

まさに、「出会いが人生を決める」――その典型を、河合氏の足跡に見ることができます。

以上の記述は主に河合氏の著作（自伝や全集など）に基づいたものですが、そのほとんどは、私が河合氏から直接聞いたものでもあります。京大の学生時代、高校教師時代、アメリカ留学、そしてユング研究所時代と帰国後のことなど、河合氏が生き生きと魅力的に語ったことが思い出されます。

なぜ私がこのような機会に恵まれたのか。それを語るにはいささか長くなりますので、それは「あとがき」に譲りたいと思います。それはまた、三十年を超える長い交誼に恵まれた河合氏と私の出会いの物語を語ることにもなります。

柳宗悦と朝鮮美術

「民藝」という言葉を創り、民芸運動を起こしたことで知られる柳宗悦にとって強烈な体験として、朝鮮半島の陶磁との出会いがありました。その出会いが柳にとって生涯の方向を決める契機ともなったのでした。

柳宗悦は一八八九（明治二十二）年、東京生まれ。学習院在学中に志賀直哉らと「白樺」を創刊します。一九一三（大正二）年、東京帝国大学哲学科卒業後、来日したバーナード・リーチを知り、終生の親交を結びます。その後千葉県の安孫子に転居しますが、この地には、やがて志賀直哉、武者小路実篤ら白樺派の面々が移住し、旺盛な創作活動を行いました。陶芸家の濱田庄司との交友もこの地ではじまります。

一九一五（大正四）年朝鮮に旅行してその美術に心を奪われ、一九二四（大正十三）年京城（現ソウル）に「朝鮮民族美術館」を開設します。一九二三（大正十二）年には甲州で目にした仏像の美しさにひかれ、その作者、木喰五行明満を見出しました。

やがて民衆の暮らしの中から生まれた雑器の美に注目し、民衆的工芸という意味で「民藝」なる語を創りました。そして、富本憲吉、濱田庄司、河井寛次郎らを知り、一九二六（昭和元）年「日本民藝美術館設立趣旨」を発表し、一九三一〜五一（昭和六〜二十六）年、民芸運動の機関紙ともいえる雑誌「工藝」を刊行し、「用と美が結ばれるものが工芸である」と主張します。一九三六（昭和十一）年には東京駒場に日本民藝館を創設し初代館長を務めます。
その後終生、民芸運動の先頭に立って、その振興に努めました。
柳は機械の生む美には限界がある、無名のもの、平凡な暮らしの中にこそ美があるのだと、次のように語ります。

自からは美を知らざるもの、我に無心なるもの、名に奢らないもの、自然のままに凡てを委ねるもの、必然に生れしもの、それ等のものから異常な美が出るとは、如何に深き教えであろう。（中略）「雑具」と呼びなされたそれ等の器こそは、「幸あるもの」、「光あるもの」と呼ばるべきであろう。天は、美は、既にそれ等のものの所有である。

（「雑器の美」『柳宗悦コレクション(2)』所収）

見棄てられたもの、平凡なものの中に、新しい美の発見があるのだと語る柳宗悦の言葉には、強い説得力があります。効率と成果のみを求める文明の発展は、そうしたものを切り捨ててきた歴史でもありました。
柳は朝鮮美術に深い関心を持ち、当時世評の高かった貴族的な高麗青磁ではなく、当時は無名で、朝鮮半島の人たちからも価値のない物と見なされていた雑器に着目し、強く魅かれました。

その朝鮮美術との出会いについて、柳はこう語っています。

朝鮮と縁が出来たのは、私と親しかった妹が嫁いで朝鮮に渡ったので、妹を訪ねがてら旅をした（大正五年）のがもとで、その頃浅川伯教、巧君兄弟がいた事も、朝鮮の品物に私を一層近づける縁になった。その頃から李朝の品々に心を惹《ひ》かれて私は度々渡鮮して、なけなしの財布をはたいては種々の品を買い集めた。今でこそ病的なまでに大変な市価を呼んでいる「李朝」ではあるが、その頃は「李朝」などを振り向く人はろくになく、私はつまらぬものを買うとて馬鹿にされたりした。しかし、美しいものは美しく、そんな嘲《あざけ》りとはおかまいなく好きなものを買い集めた。今民藝館にある貴重な李朝の焼物はその初期の蒐集品がかなり多い。

（『新編　民藝四十年』）

宗悦は、朝鮮半島に渡り陶磁と出会った時のことを、「大正五年初めて渡鮮し、釜山に上陸するなり、いきなり見つけたのが『民藝四十年』の挿絵第四の鉄絵壺で、これらがきっかけで朝鮮李朝の陶磁に近づいたのである」と語っています。また、「かく朝鮮の器物を好きになったのは、私にとっては種々生涯の方向を定める事にもなり、うたた感慨が深い」と語っています。柳の熱い思いが伝わってきます。まさにその出会いが生涯の方向を定めることとなったのでした。そして、柳の生活はいつもそうした器物と共にあったと言えます。

想えば私が朝鮮とその民族とに、抑え得ない愛情を感じたのは、その藝術からの衝動に因るのであった。藝術の美はいつも国境を越える。そこは常に心と心とが逢《あ》う場所である。そこには人間の幸福な交りがある。いつも心おきなく話し掛ける声が聞えている。藝術は二つの心を結ぶのである。（「前掲書」）

四年前〔大正五年・一九一六年〕私が朝鮮を訪ねて以来、ただの一時でもそれらの作品のいずれかを私の室から離した事がない。それはいつも私に話し掛けたいように見える。私はそれを冷たい暗い場所に長くしまうに忍び得ない。私がそれを机の上に置く時、それは悦んでくれるかのように思う。それはいつも私を待っていてくれる。（「前掲書」）

柳は、芸術の美は国境を超える、そこは常に心と心が逢う場所である、そこには人間の幸福な交わりがある、芸術は二つの心を結ぶのである、と語っています。朝鮮美術が、研究の対象であるとともに、かけがえのない人生の伴走者であったことを物語っています。

松方幸次郎とロンドン

先の柳宗悦同様、海外体験とそこでの出会いがその人生を大きく彩る契機となった一例として、あの「松方コレクション」で知られる松方幸次郎の場合を見てみます。

松方幸次郎は一八六六（慶応二）年、明治の元勲松方正義の三男として、鹿児島で生まれました。明治維新の二年前に当り、薩摩藩も国内も騒然とした時代でした。共立学校（現開成高校）を経て東京大学予備門に入りますが、やがて寮生のストライキ問題で学校当局とトラブルとなり中退、一八八四（明治十七）年アメリカのエール大学に留学し、法学博士号を取得、一八九〇（明治二十三）年帰国します。

翌年第一次松方内閣で父の首相秘書官を勤めますが、松方内閣の退陣により辞職、一八九四（明治二十七）年には大阪の日本火災保険の副社長に就任し、関西における財界活動にはいります。

一八九六（明治二十九）年には、川崎正蔵が創立した川崎造船所（後の川崎重工）に招かれて初代社長を務め、同社を日本最大の造船企業に成長させました。一方で神戸瓦斯、神戸新聞、神戸桟橋、九州電気軌道などの社長を務め、関西財界の巨頭として活躍しました。しかし、第一次世界大戦後の不況期の対応に失敗し、一九二七（昭和二）年の金融恐慌で川崎造船所は経営破綻、一九二八（昭和三）年には社長を退任します。一九三六（昭和十一）年からは衆議院議員を連続三期務めました。

では、あの膨大なコレクションはどのようにして収集されたのでしょうか。

幸次郎が社長を勤めた川崎造船所は、日露戦争から第一次世界大戦という戦争の時代にあって、空前の海運・造船ブームのなかで飛躍を続け、巨万の富を得ました。幸次郎はこの間ロンドンに拠点を置き、船の売り込みの陣頭指揮を執りました。

そして、一九一六（大正五）年からの長いロンドン駐在が、幸次郎と美術の出会いの契機となりました。もし松方のロンドン駐在なかりせば、あの膨大な「松方コレクション」は存在しなかったことになります。

幸次郎はベルギー出身のイギリス人画家フランク・ブラングィンと知り合います。ブラングィンは当時イギリスで最も知られた画家のひとりで東洋美術にも関心が深く、松方と彼はたちまち意気投合します。このブラングィンとの出会いが、幸次郎の人生を大きく変えていくことになります。幸次郎は彼のアドバイスも得て、絵の収集を始めます。以降、ロンドンのみならず、パリ、ベルリンなどヨーロッパ各地に収集旅行を行い、私財を投じて作品を集めました。あの印象派の巨匠モネとも直接交渉して作品を購入したといわれています。その時のことを、同行した美術史家矢代幸雄の語るところによって見てみます。

パリ郊外に住むモネの邸宅を訪ねたとき、幸次郎は一八〇八年もののナポレオンのブランデーを買って行きました。モネは「ナポレオーン、ナポレオーン」と瓶を振り回しながら大変喜んだといいます。幸次郎らはいくつもの部屋に飾ってあるモネの作品を見て回り、十八点を選んで、それを譲ってほしいと申し出ました。モネはびっくりして、譲りたくないものばかりだが、「君にならば」といって譲ってくれたといいます。

（石田修大『幻の美術館』）

幸次郎は大正から昭和にかけて合計三回の渡欧・駐在の際に収集活動を続け、膨大なコレクションを集めました。その内容は、ルネサンスから二十世紀初頭にわたる絵画、彫刻、工芸で、特にフランス印象派絵画やロダンの彫刻が多く含まれています。もちろんこの間、川崎造船所の社長としての業務にも尽力しています。

幸次郎は美術品収集に執心した理由のひとつについて、収集に同行した矢代幸雄にこう語っています。

日本に何千人の油絵描きがいながら、その人たちはみんな本物のお手本を見ることもできずに、油絵を一生懸命に描いて展覧会に出している。それが気の毒なので、ひとつ私がヨーロッパの油絵の本物を集めて、日本に送って見せてやろうと思っている。

（「前掲書」）

芸術家志望の若者たちにとって、ヨーロッパ渡航がまだまだハードルの高かった頃の話です。松方コレクションのなかで圧倒的に多いのが浮世絵です。かつてヨーロッパでジャポニズムが盛んな時代、膨大な数の浮世絵が海外に流出しました。これを買い戻すのにも松方は尽力しました。幸次郎はその収集の目的をこう語っています。

浮世絵師が美術の力を以て、文化的に我が帝国の権威を輝かし、我国の真価を海外に紹介したるの恩を謝し、且つその優秀な作物を永久に我が国土に保存し、これを芸術家、学者は勿論汎く同胞に示し、最も有意義にそれを利用せんと欲するのである。(「前掲書」)

この浮世絵のコレクションンおよそ八千点は皇室へ献上され、一九四三(昭和十八)年に帝室博物館(現東京国立博物館)に移管されました。

ロンドンに保管されていたコレクションは、一九三九(昭和十四)年の火災で焼失してしまいましたが、パリの松方コレクションについては、戦後しばらくして返還交渉が始まりました。一九五一(昭和二十六)年のサンフランシスコ講和会議の際、吉田茂首相がフランスのシューマン外相に申し入れ、凡そ三七〇点の返還が決まりました。その際、返還された作品を美術館を造って展示するという条件が付せられました。そこで造られたのが国立西洋美術館でした。

松方コレクションは国立西洋美術館のほかに、先の浮世絵の東京国立博物館と日本橋のブリジストン美術館にも所蔵されています。

幸次郎の思い出について、姪にあたるハル・マツカタ・ライシャワー夫人はこう書いています。


伯父、幸次郎は封建社会のなかで生まれたが、時代は近代国家への転換を遂げようとしていた。彼はこの時代多くの日本の青年たちと同じように、アメリカに留学したが、その期間に民主主義の知識を吸収し、世界的価値観の認識を高め、それを彼は生涯にわたって身に付けた。彼はヒューマニストであり、友人知己を尊び愛した。そして彼と触れ合った人たちすべてが彼を愛したのも不思議ではない。

彼はまた、真の国際人として稀有の人でもあった。広い世界的視野を持っていたし、国家間の理解を深めるために尽くしたからである。（『火輪の海——松方幸次郎とその時代』）

幸次郎は後に一時政界に転じますが、戦後は公職追放となって鎌倉に隠棲します。最晩年には、フランスに置いてある絵を持って来なきゃならんと、ひとり呟くこともあったといいます。

（「芸術新潮」二〇〇九年二月号）

しかし、その思いもままならず、一九五〇（昭和二十五）年六月、八十四歳でその波乱の生涯を終えました。それは、幸次郎が待望したコレクションの返還が決定する年の前年のことでした。

佐野常民と国際赤十字

佐野常民という名前は、今では知名度はそれほど高くありませんが、日本赤十字社の創立者であり、明治日本の黎明期に近代化のために幅広く尽力した人物でもあります。

佐野常民は一八二二（文政五）年、肥前国佐賀郡（現佐賀県）に生まれます。藩校弘道館に学んだあと大阪の緒方洪庵の適塾で学びます。江戸へ出て伊東玄朴に学んだあと佐賀に帰り、佐賀藩士として海軍の創設などに尽力します。

一八六七（慶応三）年、佐野はパリの万国博覧会に佐賀藩から派遣されました。目的は有田焼など佐賀の特産品を売り込み、なおヨーロッパの先端技術を学び軍艦を購入することでした。佐野が訪れた万博会場には、誕生したばかりの国際赤十字がパビリオンを設置していました。佐野はそこで「人道」「博愛」を基本とする国際赤十字の組織と活動に接し、感銘を受けます。

かつて大阪の適塾で外科医の修業を積んでいた佐野の脳裡には、師の緒方洪庵から学んだ人命尊重の精神がよみがえり、人道・博愛を実践する赤十字の存在が、深く心に刻み込まれたのでした。（『日赤の創始者佐野常民』）

それが佐野と赤十字との出会いであり、その後の彼の人生に大きな影響を与えることとなります。いわば佐賀藩のセールスマン兼バイヤーが、博愛の精神を携えて帰国したとも言えます。これぞ奇縁というものでしょうか。

佐野は一八七七（明治十）年の西南戦争では敵味方の区別なく手当てをする救護組織の必要性を訴え、「博愛社設立請願書」を政府に提出し許可を受けます。

その後日本赤十字社の創設に至るわけですが、佐野は社会の進歩、文明の発展のためには、何よりも「博愛」の精神がその基本になければならないと力説しています。

佐野は日本赤十字社の前身に当たる博愛社の社員総会でのこのように語っています。


文明といい開化といえば、人皆直に法律の完備、若しくは器械の精良等を以て之を証憑《しょうひょう》と為すと雖《いえど》も、余は独《ひと》り該社（博愛を基本とする当社）の此の如く忽ち盛大に至りしを以て之が証憑となさんとす。


「器械の精良」とは広く科学技術の発展を指し、「証憑」とは事実を証明する根拠という意味で、今風に言えば「エビデンス」ということでしょう。

通常、文明開化といえば、法律や制度の整備、あるいは科学技術の発展を指すと考えられますが、佐野はそうではなく、赤十字のような博愛を基本とする人道的な組織の発展こそが文明開化の根拠、証左と為されねばならない、と語っているのです。

ちなみにこの博愛社という名称は、中国唐代の詩文家である韓愈の『原道』の冒頭の「博愛之を仁という」から採ったものです。まさに慈しみは博愛であり、仁なのです。

この博愛社がもととなって、一八八七（明治二十）年日本赤十字社が設立され、佐野はその初代社長として、その後二十五年間にわたり其の職責を果たし、また政府の要職も務めました。

佐野の博愛の思想とその言葉につながるものとして、一人の作家の言葉を引いておきます。


米軍が俘虜に自国の兵士と同じ被服と食糧を与えたのは、必ずしも温情のみではない。それはルソー以来の人権の思想に基づく赤十字の精神というものである。

（大岡昇平『俘虜記』）


太平洋戦争中のフィリピンでの過酷な前線体験に基づく大岡の言葉です。

日本赤十字社が草創期に日清戦争などで救護活動に尽力し、その後現在に至るまで戦争や災害における救援活動を展開しているのは、よく知られている通りです。

しかし、その創設に尽力し、その基礎を創った佐野常民のことについて知る人は少なくなりました。

ところで、慈しみとか博愛というと、いかにも古い美徳を語るイメージを持たれる向きもあるかもしれませんが、決してそうではありません。これは日本人に限らず、世界の人々にとって長く語られ、大切にされてきた言葉です。古くて新しい言葉です。

余談になりますが、そのことに関連して最近「人間の本質は善である」ということを、人類史、心理学、思想史、経済史など諸学の成果を批判的に検証しつつ論じた、オランダ人歴史家ルトガー・ブレグマンの『Ｈｕｍａｎｋｉｎｄ　希望の歴史』（上・下）が広く読まれ、注目されているという事実も、とても興味深いことのように思います。私も一気に読了しましたが、多少気になる点はあるもののなかなか刺激的で示唆に富む一冊でした。ブレグマンは、「現代が抱える難問に立ち向かおうとするのであれば、人間の本性についての考え方を見直すところから始めるべきだろう」「勇気を持とう。自分の本性に忠実になり、他者を信頼しよう。（中略）自らの寛大さを恥じないようにしよう」「私たちが大半の人は親切であると考えるようになれば、すべてが変わるはずだ」と語っています。

視界不良の閉塞感や無力感、そして生き辛さが加速する現実に直面したいま、そもそも人間の本性とは何か、そして人生にとって大切なこととは何かについて、先人たちの言葉を振り返りつつ立ち止まって考えてみることも、意味のあることではないかと思います。

人生にとって大切なものとは何か、文明の発展とは何かについて熱く語った佐野常民の生きた姿と遺した言葉も、いま改めて注目に値するものの一つといえます。

第七章

〝持芸《もちげい》〟と出会う

徳川夢声と『宮本武蔵』

多彩な芸能活動と交友で知られる徳川夢声ですが、なかでも格別な存在が吉川英治で、そのキーワードは「宮本武蔵」です。

吉川英治は一八九二（明治二十五）年神奈川県生まれ。幼少時代は不遇で、小学校を中退後、活版工、行商などさまざまの職を転々としました。苦難の中で独学で文学の修業を続け、一九二六（大正十五）年「大阪毎日新聞」に連載した『鳴門秘帖』で作家としての地位を築きました。三十四歳でした。

その後、『宮本武蔵』『三国志』『新・平家物語』『私本太平記』などで、大衆小説家、時代小説家として幅広い人気を博しました。

『宮本武蔵』は一九三五（昭和十）年から三九（昭和十四）年まで「朝日新聞」に連載され、圧倒的な人気を博しました。求道者として剣の道を究めつつ諸国を歩き、そして佐々木小次郎との巌流島の決闘に至るまでの武蔵の生きた姿は、二・二六事件、盧溝橋事件などを経て国家総動員体制が急速に進むという、当時の閉塞した気分のみなぎる状況のなかで、多くの人びとをひきつけました。

その人気はやがてラジオの朗読によって一層高まりました。ＮＨＫラジオの放送は、一九三九

（昭和十四）年九月から敗戦の年の一九四五（昭和二十）年一月まで、凡そ五年半近くつづきました。そのラジオの人気の背景には徳川夢声という傑出した朗読者の存在があり、その独自の語り口が多くの人々を魅了しました。吉川英治と徳川夢声との出会いが、このラジオの名作を生んだのでした。

では、その名朗読を生んだ夢声と吉川との交友関係はどのようなものだったのでしょうか。夢声はその著『いろは交遊録』のなかで吉川との交友について、世間並みの考え方からすると、深い交友とか親友というわけではないがと断りつつ、次のように書いています。

然し、前後二回、一年以上にわたる連続放送で、私の頭の中に吉川英治という名が活躍すること、実に頻々累々《ひんぴんるいるい》たるものがあった。少しく大袈裟《おおげさ》に表現すれば、昭和十三年このかた、今日に至るまで、一日として私の頭のスクリンに、吉川英治の名が映写されない日はない、と言えるのである。その意味に於ては、まさに如何なる私の親友といえども、吉川氏には及ばないかもしれない。

そして夢声は、この小説には吉川氏の全人格が注ぎ込まれているから、この放送作業をとおして、長い間吉川氏と親交を結んでいたことになると書いています。

その聴取者の幅も老若男女、大学教授から幼稚園の子供たちに至るまで実に広く、こんな現象まで起こったといいます。

「世の中は面白いもので、
――宮本武蔵といえば徳川夢声
――徳川夢声といえば宮本武蔵
ということになり、果ては、
――徳川夢声は、剣道の名人だってね！
てなことにまで相成った。いやはや、ここまできては恐縮汗顔である」

この武蔵ブームは、今風にいうといわば社会現象ともいうべき事態であったことがうかがえます。

徳川夢声は一八九四（明治二十七）年島根県生まれ。三歳で上京し、祖母に育てられます。子供のころから落語に親しみ、独学で始めた落語は教室での人気者となります。その後東京府立一中（現都立日比谷高校）に進み、一高（第一高等学校）を目指します。しかし二浪するも合格ならず、結局進学の道は断念します。夢声がもしこの一高―東大というコースに乗っていたら、その後の「夢声」はなかったということになるでしょう。

そして落語家を目指しますが、無声映画の説明者（活弁士）の道へ進み、独自の芸を磨き、弁士としてその黄金時代を築きました。その頃（大正六年）の「東京市内に於ける活動写真館の分布」によると、当時の東京市内には六十九の活動写真館があり、凡そ四百人の「弁士」が活動していたといいます。（三国一朗『徳川夢声の世界』）

俳優、落語家などと並んで活弁（士）が職業として一つのジャンルを占めていたのです。

しかし、やがて無声映画の時代は終りトーキーの時代となり、不要となった活弁家（弁士）の時代は幕を閉じました。今風にいうと、弁士たちはリストラという事実に直面したのでした。もはや、時代の流れに抗するすべはありませんでした。夢声はこの難局をしたたかに生きぬき、その後は漫談家、俳優として古川ロッパなどとともに舞台や映画などで活躍しました。

やがてラジオで吉川英治の『宮本武蔵』『新・平家物語』の朗読を担当し、独自の話芸で人気を博しました。そのことについては、先に書いたとおりです。夢声自身ははじめは、後年あれほどの世間の好評を得ようとはまるで予想せず、至極平凡な気持ちで放送していたと語っています。（『放送話術二十七年』）

三国一朗によると、「武蔵」の放送は一回も空襲で中断したことはありませんでしたが、NHKの担当者であった大岡龍男が前々から空襲に備えて、「警報に宮本武蔵切られけり」という川柳をつくり、久しく温めていたところ、ついにそれが事実にならず、「さすがは武蔵」と笑い話になったということです。

戦後も、ラジオ東京やラジオ関東で夢声の「武蔵」が放送されました。このラジオ関東の放送中、吉川英治は癌で入院します。吉川はこの放送を聞くのを楽しみにしていましたが、その終了を待たず死去しました。

原作の小説の映画化やドラマ化はよくあることですが、それらはさまざまなプロフェッショナルを結集した、いわば総合芸術であるのにたいして、朗読は声優の独演です。夢声が話術一本で独自の芸を切り拓いた朗読人生は、あの剣一本で諸国を渡り歩いた武蔵に似ているようにも思えます。

夢声の話芸について語るとき、とくにその「間」の取り方の絶妙な味が指摘されます。その芸はラジオの新しい可能性を開くものであったといっていいでしょう。

夢声の芸についてはさまざまな人たちが語っています。ここではいささか異色ですが著名な指揮者で音楽教育家としても知られ、あの小澤征爾の師でもある齋藤秀雄の言葉を聞いて見ましょう。(『齋藤秀雄講義録』)

ある人が徳川夢声のことをしゃべっていて、あの人はなぜあんなに上手にしゃべったかっていうとリズム感がよかったからだと。ある、劇的なリズム感を作る時には急《せ》きこんでしゃべったり、長くまってしゃべるわけですね。

名高いのは宮本武蔵と巌流佐々木小次郎が巌流島で決闘するでしょ。そうすると徳川夢声は〈その時!〉で、止めちゃうんですよ。〈その時、(間を空けて)巌流は〉と、こう来るんです。で、〈その時巌流は〉（弱くダラダラと、間なしで）と言ったら、もうだめなんです。〈その時、巌流は〉（なげやり風に）って言ってもこれもだめ。〈その時、（間、強く止める）巌流は太刀を振り上げ（ていねいに前より遅く）〉と、こう言うんです。

齋藤は、音楽をより深く解釈するにはこうした夢声の芸を参考にしなければならない、「間」の大切さ、「待つ」ということの意味に気づくとき、そこに芸術が生まれてくるといいます。音楽と話芸に共通する奥の深さを語るその言葉に、夢声の芸への深い共感があります。

先の齋藤の言葉は彼の音楽教室で話したものであり、その講義録が刊行されたのは一九九九（平成十一）年ですから、夢声はそれを読んでいません。もし夢声がクラシックの専門家のこの言葉を聴けば、おそらく非常に喜んだに違いありません。

かつて教養番組の制作に携わっていた私は、齋藤のこの話を読んで、話芸、あるいは音楽における「間」というテーマについて、二人にじっくりと対談してもらいたかったという思いに駆られました。必ずや中身の濃い話が展開されたことと思います。

夢声は朗読だけでなく、ラジオの「話の泉」や対談番組、そしてテレビや雑誌でも対談などでも活躍し、その話芸に冴えを見せました。いまこの時代、テレビでは喧騒と饒舌が溢れていますす。まるで「間」は悪と言わんばかりに過剰なおしゃべりや未熟な芸が画面と時間を占拠しています。

本物の芸、本物の話術とは何か、夢声の芸はそんなことを考えさせてくれる契機となるようにも思いました。それがあの「宮本武蔵」のロングランにつながったと言えます。

東野英治郎と『水戸黄門』

数々の舞台の名作を残し、また戦時中の弾圧に抗して、時代を生き抜いた名優東野英治郎は、テレビの代表作『水戸黄門』（ＴＢＳ系列）でもお茶の間の圧倒的人気を博しました。一九六九（昭和四十四）年八月四日から一九八三（昭和五十八）年四月十一日までの足掛け十四年、全三百八十一回にわたる放送は、英治郎にとってテレビ史に残る偉業となりました。

東野英治郎は一九〇七（明治四十）年群馬県生まれ。明治大学在学中から演劇にかかわり、プロレタリア演劇研究所を経て、新築地劇団に入団します。一九三九（昭和十四）年、千田是也演出の『海援隊』に新宮馬之助役で出演、そしてその映画化に際しても舞台と同じ役で出演します。この映画には坂本龍馬役の月形龍之介のほか、嵐寛寿郎、志村喬など懐かしい面々が出演しています。

また、東野が好演した舞台の『綴方教室』は、それまでの新劇の観客動員数は二千五百人から三千人であったのに対し、五万四千人という記録的な観客を集めています。しかし、一九四〇（昭和十五）年には劇団が当局の圧力で強制解散させられ、東野らは治安維持法違反容疑で検挙、淀橋警察署に留置され、およそ十ヵ月後に釈放されるという過酷な経験もしています。

この年はまさに太平洋戦争開戦の前年に当たります。戦時体制の強化が進み、国家総動員法が公布されたのが一九三八（昭和十三）年、官製の国民統合組織である大政翼賛会が発会したのが一九四〇（昭和十五）年で、同じ年に言論統制の中心機関となる内閣情報局が創設されています。文化、芸能活動にはさまざまな介入や圧力が加えられました。演劇活動にとっても試練の季節でした。

一九四四（昭和十九）年、千田是也らと共に俳優座の結成に参加し、戦後も舞台や映画で活躍しましたが、一方、テレビの『水戸黄門』の初代黄門役として広く親しまれました。テレビの黄門役には、森繁久彌や宇野重吉の名前も上がっていましたが、それぞれ映画会社や劇団との関係から実現しませんでした。

この話があったとき、東野は六十三歳になっていました。しかも撮影は東京ではなく、時代劇の撮影の条件の整った京都でやるというのです。時間的にも労力的にも負担のかかることに思えました。しかし、六十三歳にもなってテレビの連続番組の主役が来るとは運のいい男だという思いもありました。（東野英心談）

こうして東野の黄門様の誕生となりました。お供である助三郎役を杉良太郎、格之進役を横内正、風車の弥七役を中谷一郎がつとめ、一年目のシリーズでは、渡哲也や大原麗子がゲスト出演しました。その後の助さん役には里見浩太朗やあおい輝彦、格さん役には大和田伸也や伊吹吾郎など錚々たるメンバーが登場しています。ナレーションは名調子の芥川節で知られた芥川隆行がつとめました。このシリーズは大成功で、一九六九（昭和四十四）年から一九八三（昭和五十八）年に至る十四年間、お茶の間の人気を集めました。東野の人気も上々で、「カッカカッ」という笑いが印象的で、多くの人々の記憶に残っています。街で普段着の東野に出会い、土下座する老人もあったと言います。（一九七六《昭和五十一》年九月六日『徹子の部屋』）

七十代半ばまで続けた黄門役でしたが、さすがに年齢などの問題もあり、引退を決意しました。

一九八二（昭和五十七）年七月の引退会見には共演した俳優たちも参加しました。東野の長男英心の『私説　父《おど》物語』によると、「助さん」を演じた里見浩太朗は「突然で言葉もない」と語り、「格さん」を演じた大和田伸也は「先生の最後の台詞が〝恵みの雨〟でした。一生忘れられない台詞です」、「風車の弥七」役の中谷一郎は「三十代から五十代まで御一緒させていただいて、僕にとっては幸せでした」、「うっかり八兵衛」役の高橋元太郎は「歌にも未練を感じていた僕に、スッパリ俳優の道に進ませてくれました」、宮園純子は「ヤクザの姐さん役専門であったわたしに、茶の間で愛される役をくださった」とそれぞれ語っています。出演交渉の時から放送終了まで、およそ十五年あまりの月日を「水戸黄門」で過ごしたことになります。（東野英心談）

一九九六（平成六）年九月、東野英次郎は八十七歳の誕生日を目前にして、自宅で心不全で倒れ、その長い人生の幕を閉じました。

長男英心は、父英治郎を葬送《おく》った後、その生涯についてこう締めくくっています。

わづか百年くらいの間に大きく状況の変化を見せた日本と世界の中で、青春に燃え、新劇最盛期を生き、映画最盛期を堪能し、おまけにテレビの良き時代を共にし、人生の終結を自宅の畳の上で迎えられた東野英治郎は、この上なく恵まれた人だったと、息子の私から見ても羨ましい限りです。

そして英治郎は英心に次のような言葉を残しています。

虎は死して皮を残し、人は死して名を残すか……。他の動物ならば本能の赴くままに生きればいいだろうが、人間には心がある。その心を生きるのだ。（以上、『私説　父物語』）

あの激動の時代をしたたかに生き抜き、俳優としての生涯を貫いた東野の志を感じることができるように思います。

東野英心は、父英治郎と同じく舞台や映画やテレビで活躍した俳優で、とくにＮＨＫテレビの『中学生日記』の東先生役として広く親しまれました。

私はＮＨＫ時代、この二人とは多少縁がありましたので、多磨霊園にあるその墓に対面したとき、格別な懐かしさをおぼえました。英治郎氏とはインタビュー番組でしたが、その朴訥な話し方に独特な味わいがあり、その人柄と話の中味に深く魅《ひ》きつけられた記憶があります。また私は名古屋放送局では番組制作の責任者をつとめましたが、一連のドラマと共に、『中学生日記』は名古屋局の看板番組の一つであり、その番組の制作で名古屋に滞在することの多かった主役の英心氏と、しばしば居酒屋などで、談論風発のときを楽しみました。父英治郎とは対照的に能弁で、楽しい酒席でした。その早すぎる死が悔やまれてなりません。
最後に、東野英治郎に送られた山田洋次監督の弔辞の一節を紹介しておきます。

　東野さんは、ぼくの作品に何度も出ていただきましたが、それは脚本に東野さんのあてはまる役があったからではなく、東野さんの出るような映画をつくりたい、なんとしてでも東野さんに出てほしい、ワンカットでもいい、東野さんを写したい、そんな思いで、最初から東野さんを思いうかべてシナリオを書いた役ばかりでした。（日本テレビ編『弔辞』）

黄門役で広く知られる東野英治郎ですが、なにより演劇人として、また映画人として長い、そして厚い蓄積があったことをうかがわせます。紛れもなく、昭和を代表する俳優の一人であったということができます。

渥美清と『男はつらいよ』

一九九五（平成七）年十二月、映画『男はつらいよ』の最終作が公開されました。二十七年間に四十八作、日本映画史史上例を見ない偉業の達成、その背景に山田洋次監督と渥美清という二人の異才の出会いがあったことはよく知られています。

二人はどのように出会い、どのようにしてあの独自のキャラクター「寅さん」を創り上げていったのか、その背景を尋ねてみます。

それを語る前に、あの寅さんが、私たち日本人にとってどのような存在であったのかを物語る〝事件〟を見てみます。

一九九六（平成八）年八月、俳優・渥美清が亡くなりました。実に二十七年間『男はつらいよ』の主役をつとめてきた渥美さんの死は、「寅さん」の死として、多くの日本人にとって衝撃を与えるものでした。八月十三日に行われた「お別れの会」には、およそ三万五千人の人々が全国各地から参列し、別れを惜しみました。のみならず、多くの人々が「寅さん」に寄せる思いを、「手紙」という形で書き綴っているのです。

同年十月三日のＮＨＫテレビは、「寅さんへの手紙」というテーマで、追悼を込めた番組を放送しました。渥美さんが亡くなって二ヵ月の間に、一万件を超える手紙が寄せられました。そのなかでとくに目立ったのが、中高年男性からのものであったといいます。「おれの人生は寅さんから学んだ」「権威・富・名誉に左右されない、人々とのふれあいが大事だと思った」という趣旨の手紙が少なくありませんでした。たとえばある人は、組織に縛られないで生きる「寅さん」への思いを熱く語り、寅さんの映画が、人生の転機になったと言います。そこで学んだ貴重な生き方が大きな力を与えてくれた、そして彼は転勤を拒否する人生を選択することになります。彼は、「人間の価値は、ポストや給料で決まらない。定年まであと六年、組織にしばられない自由な生き方をしたい」と語っています。

また、この時期に出版された本のなかにも、寅さんへの思いを集めたものが目立ちました。そのなかでも有名無名を問わず多くの人々が、熱い思いを語っています。ある会社員は、「わかっちゃいるけど止められない（私のような）弱い人間に対する穏やかな眼差し、生きることの哀しさを分かってくれる優しさ、他の生き方をできない自分をきちんと肯定している芯の強さ、そんな彼のこころの風景が、寅さんを通じて私の心にも暖かな小さな何かを分からないくらいにそっと優しく流し込んでくれたのかもしれない、といまは思える」と書いています。（「男はつらいよ」愛好会編『さようなら寅さん フーテンの寅さんへの手紙』）

また八月九日付のフランスの代表的新聞「ル・モンド」は、「小さな自由の具現者」と題して、寅さんが日本人の心をとらえたのは、日本人が彼の中に、目覚ましい経済発展とともに失われていった人情、素朴な笑い、優しさなどを再発見したからだと指摘しています。（「私たちの寅さん」刊行委員会『私たちの寅さん』)

二十七年間に四十八作、多くの人々が寅さんとともに充足した至福の時間を共有してきました。寄せられた手紙のひとつひとつが、映画『男はつらいよ』がわたしたちに残してくれたものの重さを物語っています。「寅さん」という存在は、その自由な生き方への共感と憧れの対象であるのみにとどまらず、わたしたちが失ってしまった大事なものを再発見させてくれるものでもあったのです。注目すべきは、すでに亡き人である「寅さん」に、実に多くの人々が直接手紙を書いたという事実です。そしてその手紙は、今読んでもその新鮮さを失っていません。

その『男はつらいよ』を生んだ山田洋次監督と渥美清はどのように出会い、二人はどのようにして「寅さん」を創り上げたのでしょうか。

『男はつらいよ』は初めはフジテレビの連続ドラマとして放送され、山田洋次は脚本のメインライターを務めました。その後の映画では脚本と監督を担うことになります。当初は長期シリーズの構想はありませんでしたが、「寅さん」の人気は圧倒的で、四十八作という偉業に繋がりました。

もともと浅草の劇場でコメディアンとして活躍し、やがて演劇やテレビに活躍を拡げていた渥美に山田さんはどこか惹かれるところがありましたが、フジテレビの誘いで会うことになりました。そして実際に会ってみて、渥美の人柄とその話に深く心酔しました。

そのときのことを、山田さんはこう話しています。

僕、渥美さんという人に会って、いろんな話聞きながら、この人は面白いなあって。エピソードが楽しいと同時に、すごく優れてる人だなあと思いました。頭が良くて、観察力が鮮やかで、ものすごい記憶力で、天才だなと。だから、「この人の中から掘り出そう、いくらでも出てくるな」という感じがしましたね。寅さんっていうキャラクターは、僕と渥美さんが2人で、渥美さんの中から掘り出して、作り出したものなんですよ。

山田さんの渥美への心酔振りと、その結果生まれる「寅さん」への思いが伝わってきます。そして、さらに具体的に寅さん像の模索をつづけた様子がうかがわれます。

「こういうとき、寅はこんなこと言うね」とか言いながら、僕と渥美さんが2人でしゃべっている。寅だったらこうだとか、寅だったらこんなことしないか?とか、そういうことはしないかい?とか、いやいや、嫌がるよとか。

（以上、「読売新聞オンライン」二〇二一年七月七日）

一方、二人の出会いについて、渥美さんはどう語っているのでしょうか。渥美さんはフジテレビの企画の際に、山田さんと出会うことになります。

わたくし、フジテレビの方と一緒に、当時、赤坂の旅館を定宿にして、シナリオを書いていらした山田さんをお訪ねいたしました。

交渉役はフジテレビの方々でしたが、山田さんは、お忙しい中、私たちの頼みを快く引き受けてくれました。あのとき、山田さんは、こうおっしゃったといま、記憶しています。

「どういうものができるかわからないけど、遊びがてらここにいらっしゃい。なんとなく雑談しましょうよ」

ヒョウタンからコマが出る――のたとえがございますが、わたくし、山田さんとのこの雑談の中からフーテンの寅という変わった人物が生まれたのでございますよ。

（『渥美清　わがフーテン人生』）

話の中味は、渥美さんの不良少年時代の思い出話から、上野広小路や浅草界わいで見聞したテキヤの話などへと盛りあがり、山田さんは深く興味をそそられたようでした。

こう見てくると、渥美さんと山田監督の出会いの頃の様子が鮮明に伝わってきます。

二人はその後も歓談を重ね、独自の寅さん像を創り出していきます。

そして、こういったテキヤ稼業をしている面白い男を中心人物にして、ストーリーを固めることにしようということになりました。

こうして山田監督は寅さん主演の企画を創り上げました。

後に山田さんは「寅さん」について、渥美清という人がいなければ生まれなかったキャラクターで、渥美清ではなくて他の人でこれだけのものを作れたかというと絶対、作れませんでした、と語っています。（前掲「読売新聞オンライン」）

出会いの重さ、出会いのすばらしさを物語る、心に届く言葉です。

森光子と『放浪記』

二〇〇九（平成二十一）年五月、森光子主演の『放浪記』が、単独主演二千回という記録を達成しました。一九六一（昭和三十六）年、四十一歳で初主演を果たしてからおよそ半世紀、森光子は八十九歳に達していました。そこには、作家・演出家菊田一夫との出会いという大きな背景がありました。

森光子は一九二〇（大正九）年、京都府に生まれます。十三歳で実の父母を亡くするという不幸に遭遇します。十五歳で、従兄で当時すでにスターであった嵐寛寿郎に誘われ、映画界に入ります。その後数々の映画に出演したり、歌手を目指し上京しますが、戦争の激化とともに戦地慰問に駆り出されたりしました。

戦後は大阪でラジオやテレビ、喜劇などに出演しますが、大役には恵まれませんでした。一九五八（昭和三十三）年、梅田コマ劇場での『あまから人生』が作家菊田一夫の目にとまり上京、『花のれん』で芸術座の初舞台を踏みます。その後、主に菊田一夫作・演出の諸作品で活躍を続けます。

そして一九六一（昭和三十六）年には『放浪記』の林芙美子役で初の主演に抜擢されます。四十一歳にして初主演のこの作品は好評で公演を重ね半世紀近く続き、二千回という大記録を達成したのでした。

芸能評論家矢野誠一はこう語っています。

　ついに上演二千回をこえた森光子の『放浪記』に、この五月の帝国劇場でふれて、やはり大きな感慨があった。私の観たのはつごう二十数回だから、一〇〇分の一にすぎないが、五十年を超す観劇生活にあって稀有な例であることは間違いない。観るたびに新しい発見があるのもさることながら、舞台そのものが確実に成長を続けているのを実感するのは劇評家冥利に尽きるものがある。

（『舞台の記憶～忘れがたき昭和の名人芸』）

先に『放浪記』二千回達成の背景に菊田一夫という作家の存在があったと書きましたが、森自身、「先生とお会いすることがなかったら、森光子の『放浪記』は存在していなかった」と語っています。

森はその頃のことをこう語っています。森自身の言葉の引用が多くなりますが、本書のテーマが「出会い」ですので、なるべく森の言葉に沿って書いていきます。（傍点筆者）

　思えば、私の人生には節目節目に重要な方々との出会いがございましたが、なかでも一番大切な人であり、私の人生を決めたのは菊田一夫先生でいらっしゃいます。先生とお会いすることができなかったら、森光子の『放浪記』は存在しなかったわけですから。

先生との出会いそのものがドラマのようでございました。

当時、私が大阪の梅田コマ劇場で芝居に出ておりました頃、菊田先生は毎月の芝居の打ち合わせのために、よく東京からいらしていました。

その日も、支配人と打ち合わせがすんでロビーに下りられましたら、呼んだはずのハイヤーがまだ来ていなかったそうです。じゃあ、ちょっと客席で芝居を観ていこうかということになり、一番後ろの席でご覧になったそうです。演目は漫才師の中田ダイマル・ラケットさんと共演させていただいた『あまから人生』でございました。


菊田先生は、空港行のハイヤーを待つ三分間だけ、その舞台をご覧になったのですが、偶然にもその三分間、私が舞台に立っておりました。　（『あきらめなかったいつだって』）

この場面は洗濯物を干す場面でしたが、台本には「ここ、八分よろしく」とだけありました。どうしたらいいか思案の後、「そうだ、洗濯物を干しながら歌を歌えばいいんだ」とひらめき、当時の流行り歌を歌いながら干し物をしました。

歌った歌は、三波春夫の「船方さんよ」、藤島桓夫の「お月さん今晩は」、フランク永井の「有楽町で逢いましょう」、石原裕次郎の「俺は待ってるぜ」の四曲でしたが、このシーンを、菊田一夫が偶然目にしたのでした。菊田は森の演技に注目したようでした。

そして森はこう続けます。


しかし、この三分間が私の運命を変えたのでした。

幸運が重なったわけでございます。「八分よろしく」のラッキーと、ハイヤーの待ち時間三分のラッキー、この二つの幸運が重なって私の運命が開けました。もしこの偶然がなかったら、森光子の『放浪記』はございませんでした。本当に運命というものはあるのだと感じます。

（「前掲書」）


菊田に誘われて東京に出た森は、『放浪記』二千回という偉業を達成することになりますが、そのほかテレビでも多くの人気番組で活躍し、文化勲章、国民栄誉賞など多くの受賞に浴したのは周知のとおりです。

森の語りはまだまだ続きますが、その言葉に耳を傾けるとき、やはり〝人生は出会いだ〟という言葉の重さを、あらためて感じます。

第八章　奇縁済々

大宅壮一と米騒動

大宅壮一はノンフィクション作家、評論家として新しい道を切り開き、時代を読む先見性に優れ、そこから紡ぎだされた切れ味鋭い言葉の数々が人々を惹きつけ、強烈なインパクトを与えました。その大宅は、旧制中学時代にあの歴史的大事件「米騒動」に遭遇しています。この事件との遭遇は、後のジャーナリスト大宅の強烈な原体験となりました。

大宅壮一は一九〇〇（明治三十三）年、大阪府の富田村（現高槻市）に、醸造業を営む父八雄の三男として生まれます。父が大酒飲みで家業に専念しなかったため、壮一は小学校の頃から肩曳き車で醤油の配達をするなど家業を助けました。

一方で、この頃「少年」「少年倶楽部」などの少年雑誌に投稿をはじめ、メダルをもらい、投稿熱が高まりました。

高等小学校を卒業する頃、壮一にとって人生を一変させるようなチャンスに遭遇します。たまたま遊びに来た同級生に勧められて受験した中学（旧制）入試に合格したのでした。家業を継ぐか商人になるはずの人生が、急転するきっかけとなったのです。

一九一五（大正四）年、大阪府立茨木中学校に入学します。中学に入っても、仕事をしない父に代わっての家業が大きな負担になりました。壮一少年は、たった一人の小僧を相手に仕事を切り回しました。あの大作家に、こうした苦難の少年時代があったとは驚きでした。しかし、そこに、あの驚嘆すべきパワーの原型を見ることもできるように思います。

また、この茨木中学字で、壮一は「米騒動」に遭遇します。まさにこの事件の目撃者、体験者となったのです。壮一はその自伝のなかで「三日三晩、私はほとんど寝ないで銃剣の下をくぐりながら、大阪、神戸の富豪襲撃の現場を見て歩いた。さすがに先頭に立って突撃するほどの勇気はなかった」と書いています。後に「偉大な野次馬」と称された、ジャーナリスト大宅の「現場主義」の萌芽をそこに見ることができるように思います。

大宅はこう語っています。

> 米騒動に火をつけたのは、漁師の内儀さんであるが、それが連鎖反応を起こしてあのような大事件になったのは、当時の内外の情勢とつながりをもっていたからで、私のような中学生をもその渦中に巻き込んでしまったのである。そしてそれが私の運命の分かれ目となった。
>
> （傍点筆者　『人間の記録１７９『大宅壮一——自伝』）

この事件の衝撃は大きく、壮一は学校で米騒動を煽動するような演説をしたということで退学になります。

しかし、そのままで終わる大宅ではありませんでした。その後検定試験を受けて、難関を突破し、三高（第三高等学校）に入学、そして東京帝国大学文学部へと進みます。この三高から東大時代には多くの友人と交わり、とくに東大新人会には多彩な人材が集まっていて、その交友が壮一の青春を濃く彩りました。また多くの先達の影響を受けますが、それに深入りする紙幅がありません。

その中で、川端康成とは茨木中学時代の先輩後輩の関係で東大時代、川端らの同人誌に投稿したりしたことがありました。その後住んだ阿佐ヶ谷では、偶然隣同士に住むという奇縁の関係でもありました。

東大在学中、「日本フェビアン協会」が創立され、その機関紙「社会主義研究」の編集に携わり、また新潮社の嘱託として、『社会問題講座』の編集に携わるなど、多彩な活動を展開します。しかし東大三年生に四年間在籍しますが、結局退学することになります。

茨城中学も東大も、結局中途退学という〝名誉〟ある経歴は、いかにも大宅らしい、一つの枠に収まりきれないスケールの大きさを、そこに見ることができるように思います。

その後、翻訳、執筆など、多彩な文筆活動を展開し、精力的に作品を発表します。

また、東京日日新聞、大阪毎日新聞の社友となり、一九三七（昭和十二）年には、毎日新聞の従軍記者として中国大陸各地を取材。また一九四一（昭和十六）年、太平洋戦争開戦の年の十二月、まさに開戦直後にジャワ派遣軍宣伝班に徴用されています。

戦後は幅広い視野と独自の視点から精力的な評論活動を展開し、ジャーナリズムの世界に颯爽と登場してマスコミの寵児となります。

代表作に、『日本の遺書』『世界の裏街道を行く』『日本の裏街道を行く』『昭和怪物伝』『「無思想人」宣言』『炎は流れる』などがあります。

また晩年には「東京マスコミ塾」を開講し、大森実、草柳大蔵などのジャーナリストを育てました。

一九七〇（昭和四十五）年には「大宅壮一ノンフィクション賞」を創設、以降気鋭の作家を顕彰し、また大宅の膨大な蔵書を収納した「大宅壮一文庫」は、研究者はもとより、ジャーナリストや一般市民にとっても貴重な資産となっています。

この年、山中湖の山荘に滞在中、急に息苦しさを訴え、東京女子医大心臓血圧研究所に入院、ほぼ一月後、七十年の波乱の人生の幕を閉じました。

大宅にとっては、さぞかし無念の最期であったことでしょう。また、私たちにもその鋭い社会批評の言葉をもっと聞きたかったという思いもありますが、遺されたその膨大な作品群や資料、育てた人材に目を向ける時、もうこれで十分ですと、冥福を祈るほかはありません。

大宅の葬儀は青山葬儀所で行なわれ、マスコミ関係者らを含む多くの人々が参列しましたが、弔辞を読んだのは同郷出身の川端康成でした。その一節です。


今日、大宅壮一君の告別式は、日本雑誌協会、日本書籍出版協会、日本新聞協会、日本放

送協会による合同葬である。このようなマスコミ界挙げての葬儀は前例がなく、また後例が絶するかもしれない。無比の美挙であり、流石の大宅君も望外の栄誉供養であろう。これは庶民葬であり、大衆葬である。（中略）

私は生きて大宅君の葬儀に列し、弔辞を捧げるとは思わなかった。これが生のめぐりあわせであり、運命であったとしても今は故人大宅君を愛惜追慕悲悼する念、列席のうちの多くの人よりも深痛が切ではないかと、ここに立って省みて恥じる。（中略）

あの野生縦横闊歩の裏にやさしさとこまやかさと気弱さとさびしさとはにかみとをも備えた大宅君は、今日の盛儀にひそかに涙し、私を咎めずすべての人々を善意で見まもるであろう。

（大宅壮一全集編集実務委員会編『大宅壮一読本』）

舌鋒鋭く、一見豪放に見えた大宅のもう一つの貌を、そこに見ることができます。

また、「暮しの手帖」編集長の花森安治は追悼の言葉の中で、大宅は自分にとって大事な人だったと語りつつ、「気が小さくて、心がやさしくて、お人よしで、人のいうことを気にして、そして親切だった」と語っています。

縦横無人に時代や世相を切った鮮やかな太刀捌《さば》きとともに、大宅のこうした人柄が、多くの人に愛された背景にあるといえるように思います。そんな大宅のジャーナリストの原点となったのが、あの歴史的大事件「米騒動」にあったのでした。

鈴木大拙と二人の創業者（安宅弥吉、出光佐三）

鎌倉の東慶寺墓地には、鈴木大拙の墓に隣接して安宅産業の創業者安宅弥吉、そして出光興産の創業者出光佐三の墓、そして程近い場所には西田幾多郎の墓があります。

時代を創った二人の創業者と日本を代表する碩学との奇縁に興味を覚えたのは、このような背景があったからです。

安宅弥吉は一八七三（明治六）年、金沢市近郊の金石町に生れました。同じ金沢生まれの鈴木貞太郎（大拙）や、西田幾多郎より三歳年少でした。

小学校卒業後、石川県専門学校（後に改称されて第四高等中学校）に学びます。この四高の先輩に、鈴木貞太郎や西田幾多郎がいました。

在学中、同郷出身の豪商銭屋五兵衛に魅せられて、四高を中退、貿易商人への道を志し上京します。そして、神田一ツ橋の高等商業学校（現一橋大学）に学びます。この時、石川県人のための学生寮「久徴館」で、鈴木貞太郎（大拙）と出会います。そして円覚寺での参禅に誘われます。この出会いが、その後の弥吉と大拙の交友につながります。

一八九五（明治二十八）年東京高商を卒業し、ある保険会社に入社しますが、貿易商を志し大阪の日下部商会に入社、そして一九〇四（明治三十七）年独立し、安宅商会を設立します。

弥吉は決して楽ではない経済事情の中で、大拙の渡米費用を負担したり、滞米中の大拙への援助を続けています。その弥吉の心情について、森清はこう書いています。

いわゆる、功なり名を遂げてからの社会への還元行為、あるいは志あるものへの支援であるなら、わかる。しかし、まだそこまで行っていない。しかも大拙と弥吉は、別に縁戚関係にあるわけでもない。郷里を同じくし、志を持つ者同士という共通項しかないのだ。おそらく弥吉は、大拙に〈惚れて〉いた。自分には叶わぬことをしてくれる男に惚れるという気分があった。また、大拙の身体からにじみでる温かさに、この男を助けることで自分は功徳を積むことが出来る、救われる、そんな思いが、まだ明白な形ではなくとも、弥吉の心の内にきざしていたのではないか。そうとしか思えない。

（『大拙と幾多郎』）

弥吉の熱い志が伝わってくるような言葉です。

大拙もまた、その弥吉の援助を素直に受け、研究に没頭します。

欧米から帰国した大拙は学習院の英語教師になりますが、西田幾多郎もまた同校のドイツ語教師となり、二人は近くに住んで、交友を続けることになります。

やがて西田は京都帝国大学に移りますが、当時、相次ぐ家庭の不幸と経済的苦境にあった西田幾多郎への援助の手を差しのべたのが、安宅弥吉でした。大拙への援助にくらべると、それは短い期間でしたが、ともかく、安宅はこの二人の碩学の支援者として大きな役割を果たしたといえます。

その後、安宅商会は貿易を通じて順調に発展し、東京、大連などに次々と出張所を開設。一九四三（昭和十八）年には社名を安宅産業株式会社に変更し、総合商社として成長していきます。しかし、弥吉の死後は同族経営の弊害などで経営破綻し、伊藤忠商事に吸収合併されました。安宅の仕事哲学、人生哲学も独自のものでした。仕事では、「至誠、慈悲、忍耐、努力、倹素、細心」を自戒としていました。また、安宅家の家訓として「安楽は勤めて後の事に候」という言葉があります。

先の安宅と鈴木の墓のある東慶寺境内の墓地入り口には「自安」と刻まれた碑があります。これは「自安」と号した安宅弥吉の碑で、そこには、鈴木大拙の、安宅弥吉の功績を讃える以下のような碑文が刻まれています。

財団法人松ヶ岡文庫の基礎は、全く君の援助によるものである。また個人的なことだが、自分が研究生活に専念し得たのも君の好意によるところ大であった。欧米国民が禅思想および東洋的物の見方を理解するために、自分の英文の著作が、いくらかなりとも役立つものがあったとすれば、それはひとえに、君の精神的物質的支援のたまものである。

弥吉亡き後、先述したように、安宅産業は事業に失敗して消えてしまいました。しかし、『大拙と幾多郎』の著者である森清は、弥吉の生涯は事業母体を失っても、大拙を通じて、また松ヶ丘文庫を通じて長く後世に伝えられている、と書いています。

出光興産の創業者、出光佐三もまた鈴木大拙と深い繋がりがあります。佐三が大拙と出会う契機となったのは、出光興産がアメリカで開いた禅僧仙厓の展覧会でした。そのことに関して、佐三はこう書いています。

今からちょうど十五年前、仙厓和尚の展覧会を私どもの主催でアメリカで開いたことがありました。仙厓和尚というのは、徳川時代の禅僧で禅画をお描きになった方ですが、そのときの展覧会のために作ったパンフレットが、ちょうどニューヨークに滞在されていた大拙先生の手許に届きまして、それをご覧になった先生が、私どもに手紙を下されたのです。この時のお手紙が先生とお近づきになるそもそもの動機となったのです。

そのお手紙には〈なにか古い友達のような気がするが……〉というようなことが書かれてありました。先生がお亡くなりになった今、こうして回想していますと、私は実に、この仙厓和尚の手引きで本当の正師、大拙先生を知る機会を得たことをしみじみ有難く感じるのです。

（「鈴木大拙没後四〇年」）

その後大拙がアメリカから帰国すると、佐三は大拙を、滞在中の熱海の伊豆山に訪ねます。この大拙と佐三の初対面の時、佐三は七十四歳、大拙は八十九歳に達していました。それ以降、毎年夏には大拙は軽井沢の出光寮で過ごしますが、佐三はしばしば大拙のもとを訪れ、さまざまな問題や悩みについて大拙の教えを受けています。佐三は、「私には分からないことが次から次へと出てきまして、そこで先生のところへお伺いして、お教えを仰がねばならなかったからです」と語っています。（「前掲書」）

以来、佐三は弥吉に代わって、大拙の研究を助けることになります。

一九六六（昭和四十一）年、大拙が逝去した時、佐三は大きな衝撃を受けました。その追悼文の中で、佐三はこう述べています。

先生の死は本当に突然で思いもそめないことであった。私にとっては暗夜に灯を失ったという一語につきる。これは一つの私事にすぎないが、全世界の平和と人類の福祉の点から見ると、尊い灯台の灯が消えたという一大悲惨事である。

（『評伝　出光佐三』）

佐三の大拙への深い思いと傾倒を物語る言葉です。

出光佐三は一八八五（明治十八）年、福岡県宗像郡赤間村（現宗像市）に藍問屋を営む父藤六の二男として生れます。幼少から体が弱く不眠症や神経衰弱に悩まされ、また読書とは縁遠い少年時代を過ごしました。

佐三は小学校から福岡商業学校、神戸高等商業学校（現神戸大学）を経て、石油と小麦粉を商う酒井商会に入ります。もともと外交官志望でしたが、父から「なんでもいいから自分の仕事をやれ」と言われ、酒井商会に決めたのでした。

一九一一（明治四十四）年、酒井商会に入り二年経ったころ、実家が破産。そこで佐三は赤間村の近くの門司で、出光商会を設立し、石油の販売を始めます。

出光商会は筑豊地帯の鉱業や北九州工業地帯に近いという地の利を生かして、機械油の販売を開始し、また、下関に進出して漁船用燃料油の販売に着手するとともに、海外展開をはかり、成長を続けました。

しかし、関東大震災や金融恐慌、一九二九（昭和四）年の世界恐慌などの危機と闘うという試練の時期もありました。やがて満州奥地、華北・華南に進出、中国全域に店舗を拡大していきます。一九四〇（昭和十五）年には、出光興産株式会社を設立しています。

佐三は独自の信念に基づき、「人間尊重」の経営理念を貫き、この会社を独特な社風と伝統を持つ大手石油会社・出光興産に育て上げました。

その独自の人生観や経営理念を貫いた佐三は、数々の話題やエピソードを生んでいますが、その語録のなかから、冒頭に引いたものを含めて幾つかを拾ってみます。

「黄金の奴隷になるな。学問の奴隷になるな。法律、組織、機構の奴隷なるな。権力の奴隷になるな。数、理論の奴隷になるな。主義の奴隷になるな。モラルの奴隷になるな」

世界的な仏教学者鈴木大拙の薫陶を受け、また創業者として日本を代表する大企業を育て上げた、出光独自の哲学と人生観を物語る言葉です。何物にも左右されない、独自の生き方を説く含蓄に富んだ言葉といえます。

「苦労すればするほど、人間は完成に近づくのだ」

「事業は金儲けのためにやるのではない、人の役に立つためにやるんだ。そして仕事を通じて人を育てるのが、会社の使命なんだ」

こうした佐三の言葉には、単なる事業の成功者でなく、人生や社会を深く見つめる人間の目があるように思われます。それはまた、大拙から受けた薫陶が、その背景にあるといっていいかもしれません。

山本周五郎とJ・A・ストリンドベリイ

山本周五郎は、その小説の中で、あるいは対談やエッセイの中で多くの名言を残しています。その言葉は周五郎自身の創作活動や処世の中から紡ぎだされたものであり、私たちに人生の智慧とも言うべき多くの示唆を与えるものとして、実に味わい深く、心に響くものといえます。

その周五郎自身が苦難の時期に励まされた言葉があります。その言葉との出会いによって周五郎はこの難局を乗り越え、それはまた周五郎の人生の指針となりました。それが、後述するスウェーデンの作家、J・A・ストリンドベリイの言葉です。

周五郎（本名清水三十六）は一九〇三（明治三十六）年、山梨県北都留郡初狩村（現大月市初狩町）に生まれました。

小学校を卒業後、東京木挽町にあった質店の山本周五郎商店に徒弟として住み込みます。仕事のかたわら独学で創作の勉強を続け、新聞や雑誌に投稿をしています。

一九二六（大正十五）年「文藝春秋」に『須磨寺附近』が掲載され、これが文壇出世作となります。一九四三（昭和十八）年、第十七回直木賞に『日本婦道記』が選ばれますが、これを辞退しています。その理由の一つに、直木賞を創設した菊池寛との確執があったともいわれています。一九五九（昭和三十四）年、『樅ノ木は残った』が毎日出版文化賞に、一九六一（昭和三十六）年、『青べか物語』が文藝春秋読者賞にそれぞれ選ばれますが、いずれも辞退しています。周五郎がこうした文学賞をすべて辞退したのは、その根底にある、「文学は賞のためにあるのではない」という信念に基づくもので、いかにも周五郎らしい潔《いさぎよ》さと言うか、硬骨の人周五郎を如実に物語る出来事といえます。

では、小説家として自立を目指した苦悩の日々、経済的困窮に苛《さいな》まれた艱難の時、周五郎の支えとなったストリンドベリイの言葉とはどんな言葉だったのでしょう。それは、

苦しみつつ、なおはたらけ、安住を求めるな、この世は巡礼である。

というフレーズでした。

『青べか日記』にはストリンドベリイがしばしば登場します。或る日の日記には、「スウェーデンの作家ストリンドベリイは、最も大きくかつよき教師であり、友である」と書いています。

また同書には、次のような記述も見られます。

今日は府の美術館に「西洋美術回顧展」を見た。（中略）関根（正二）と黒田（清輝）が大きかった。特に黒田は偉大である。矢張り人は長生きをして為事《しごと》を完成しなくてはだめ

だ。若い内は作品は唯衒気《ただげんき》ばかりだ、天才があってもそれは唯閃《ひらめ》きをみせている丈だ。五十にならなくては本当じゃない。今日、ストリンドベリイの「青巻」を読み了えた。最後の言葉「苦しみ働け、常に苦しみつつ常に希望を抱け、永久の定住を望むな、此の世は巡礼である」――がひどく予を鞭撻《べんたつ》しまた慰めて呉れた。ああストリンドベリイ、吾が友、吾が師、吾が主。予は貴方を礼拝しつつ巡礼を続けよう。(傍点筆者)

周五郎にとって、ストリンドベリイが、いかに掛け替えのない伴走者であったかがうかがえます。

因《ちな》みに、このストリンドベリイの『青巻』とはどのような本であったのか。

それはキリスト教擁護を中心に据えながら、師(先生)と弟子(学生)との対話形式で、この世(人生)の多くの問題について考察を深めていく体裁をとった随筆的な作品であり、そこには、若さと老い、善と悪、富と名誉、愛と赦《ゆる》し、世俗と聖、理性と獣性、現象と本質、自由思想とキリスト教などの問題が縦横に展開し、文字通り人生の指針を探る格好の書といえるものです。(服部康喜「人生の海に漕ぎ出す」『青べか物語』新潮文庫新版所収)

ともかく、先の引用に見られるように、一冊の本との出会い、それがいかに大きい存在なのかを物語っています。

周五郎は一貫して日の当たらぬ庶民の側に立ち、市井に生きる名もなき人びとを描き続け、そして既成の権威や権力に対峙する姿勢を堅持しました。その故か、周五郎は英雄や豪傑を書きませんでした。そのことについて、こう語っています。

彼らは、きわめて人間性がとぼしい。日本を形成する最大多数は英雄、豪傑のかげにいる人たちです。自己主張できない不幸、不満、不平を持ち、おそらく死ぬまでそれは達成できない。これを代弁できるのは、散文ではないですか。たくさん書かれた太閤でなく、太閤たらしめるために血を流した人の味方ですね。いわゆる庶民こそ、主催者だと思います。

（『「週刊朝日」の昭和史』）

そして、小説の中で、あるいは対談やエッセイの中で多くの名言を残しています。その言葉は周五郎自身の創作活動や処世の中から紡ぎだされたものであり、私たちに人生の智慧ともいうべき多くの示唆を与えるものとして実に味わい深く、心に響くものといえます。冒頭の言葉と重なり合う、その一つ二つを付記しておきます。

私が書く場合に一番考えることは、政治にかまって貰えない、道徳、法律にもかまって貰えない最も数多い人達が、自分達の力で生きて行かなければならぬ、幸福を見出さなければならない、ということなのです。

（「お便り有難う」『山本周五郎のことば』所収）

これは周五郎の作品を読むとき、深く共感する言葉であるように思います。

そこに、周五郎がいまでも広く愛され、読み継がれている秘密があるように思います。

また、この言葉は、小学校卒で社会に出て、辛酸をなめながら周五郎が心に刻み込んだストリンドベリイの言葉と響き合っているように思います。

人はその人生の中で様々な言葉や本に出会います。もちろん本や言葉に限りません。本書では、さまざまな出会いのかたちを取り上げました。そんなさまざまな出会いが、人生を創り、豊かにし、そして人生の伴走者として寄り添ってくれるのです。

種田山頭火とG・R・ギッシング

山頭火には旅と放浪というイメージが強烈ですが、その日記を丹念に読むと、夥《おびただ》しい読書の記録に出会います。

まさに句作と並んで、読書が生活の核心を形成しているとも言えます。そしてまた、読書は自らを省みる深い思索の時間ともなります。

雨、終日読書、自省と克己と十分であった、そして自己清算の第一日（毎日がそうだらう）。（『行乞記』昭和七年）

徹夜読書、教えられる事が多かった。（『其中日記』昭和九年）

鴉が啼いて私を淋しがらせる、終日読書。（『其中日記』昭和九年）

こうして読書はさまざまな知的刺激に溢れており、その意義についてさまざまに書いています。いくつかを拾い上げておきます。

「私の好きな事は――旅と読書と句作」

「よき本はよき水の如し、よき水はよき本に似たり」
「雨の読書もよい。頭脳が澄みきって、考える事がはっきりする」
「思索する、散歩する、句作する、読書する、——山頭火はこうして生活する」

以上、拾い上げた言葉はいずれも読書論としても傾聴に値しますが、何より山頭火の人生が読書という営為といかに深くかかわっていたかということを物語っています。

その真摯でひたむきな姿に感服します。

またその読書の範囲もきわめて幅広く、山頭火の関心領域の広さと、知的好奇心の強さ、そして思索の深さを感じることができるように思います。個別にふれる余裕はありませんが、たとえば敬愛する松尾芭蕉、俳人尾崎放哉、そのほかさまざまな句集や俳誌があり、禅僧山頭火としては『修證義』『正法眼蔵』『碧巌録』などの宗教書なども多彩です。さらに『徒然草』『万葉集』などの古典から、谷崎潤一郎、森鷗外、川端康成、火野葦平、林芙美子などの近現代文学まで、挙げていくと際限がありません。

このように、その読書の対象は極めて広範囲に及んでいますが、その中で山頭火が、独り居の思索と暮らしの日々を綴った作品を残したG・R・ギッシングやH・D・ソローに深い関心を寄せているのは、なかなか興味深く思われます。

たとえば、一九三四（昭和九）年十一月八日の鈴木周二への書簡では、ギッシングやソローの作品を入手したい旨を書き送っています。そして、まずギッシングを入手し、それを読み耽っています。ここでいうギッシングの書とは『ヘンリ・ライクロフトの私記』のことであり、現在でも広く読まれているものですが、ジョージ・ギッシングがヘンリ・ライクロフトいう架空の人物に託して、南イングランドの片田舎での思索の日々を綴ったものです。

そのころの山頭火の日記を見てみましょう。（『行乞記』昭和九年）

　夜はヘンリライクロフトの手記を読む。（昭和九年十二月六日）

ヘンリライクロフトの手記を読みつづける、彼は私ではあるまいかとさえ思はれるページがある……私も私流の随筆なら書けそうだ、三八九を復活刊行して、私の真実を表現することを決心する。（同年十二月七日）

　人は独り生くべし……とギッシングはライクロフトにいわせている、彼は孤独の個人主義者として徹している。（同年十二月八日）

三日続けてギッシングを読み耽ったことが窺《うか》がえます。

そんな中で、山頭火は自身とライクロフトの人生にいくつもの相通じるものがあることに気づきます。その一、二を見てみます。

生きとし生けるものの中で、山頭火が熱い思いを寄せたものの一つ、それは名もなく、しかし健気に生きる雑草たちです。膨大な山頭火の句の中で、注目されることの一つが、雑草をうたった句の多さです。山頭火は、いわば見捨てられた存在である雑草にやさしい眼差しを注ぎます。それは山頭火にとって、もう一つの人生の伴走者でした。

やつぱり一人がよろしい雑草
雑草にうづもれてひとつやのひとり

こうした、いわば見捨てられたものへの親しみの眼差しは、その姿に自身の姿を重ねていたからかもしれません。

雑草の魅力は、四季折々それぞれに見られ、山頭火はそれを句に詠んでいます。

伸びるがまゝの雑草の春暮れんとす
雑草伸びたまゝの紅葉となつている
枯れゆく草のうつくしさにすわる
雑草はうつくしい淡雪

四季折々を詠んだ雑草の句は多彩ですが、山頭火がとくに愛したのが枯れゆく雑草の姿でした。それは、老いゆく自分の姿にも重ねられる存在であったからでしょう。「雑木雑草の秋色のよろしさ」「枯れてゆく草のうつくしさよ」「枯草もうつくしうなった、月がまともに済んできた、酒も身にしみてうまくなった」と書き、「私は晩秋初冬が好きだ。……雑草！その中に私自身を見出す」と書いています。そこに、人生の秋、終末へのしみじみとした哀歓、共感を読み取ることができます。

興味深いのは、山頭火が愛読したギッシングの『ヘンリ・ライクロフトの私記』の中にも、ライクロフトの雑草に対する深い思いが語られていることです。

それまで私は植物や花のことはほとんど気にもとめていなかったが、今やあらゆる花に、あらゆる路傍の草木に、深く心をひかれる私であった。歩きながら多くの草木を摘んだが、明日にも参考書を買って、その名前を確かめようと考え、一人で悦に入っている私であった。事実またそれは一時の気紛れではなかった。その時以来、野の草花に対する私の愛情と、それらを皆知りつくしたいという欲望を失ったことはないからである。（中略）

庭内の一木一草、すべて私の最愛の友である。

（平井正穂訳『ヘンリ・ライクロフトの私記』）

ギッシングの描いた世界と、俳人山頭火の感性とはもちろん同じものではありませんが、しかし、その孤独の生活世界とそこでの雑草に対する思いが深く重なっているのは興味深く思われます。

山頭火はライクロフトの生き方にいたく共感し、そこに自分を重ねながら読んでいます。「彼は私ではあるまいか」というまでに没入しつつ読み耽ったのでした。そして、それから三年近くたったころの日記にも、再びギッシングを読んだことが記されているのです。ギッシングが座右の書であったことを窺《うかが》わせるものです。

では、山頭火をそれほどまでに魅きつけたギッシングやソローの世界とは何か。その一端については先にもふれましたが。少々長くなりますが、引き続き『ヘンリ・ライクロフトの私記』の一部を読んでみます。

わたしの性質の内には、合理的に自らを導くという能力がなかったようである。子供のときも大人のときも、人生の途上に横たわるあらゆる溝や泥沼に私は陥ち込んだ。愚かな人間でわたしほどの経験の報いを受けたものはほかにはなかろう。その証拠になる傷《きず》痕《あと》を、私ほど多くもっているものもなかろう。

痛手につぐ痛手！　一つの痛撃からやっとの思いで立ち直るやいなや、次の痛撃に身をさらすようなことをしでかすのであった。「世間を知らない」と、私は温厚な人からいわれた。「馬鹿だ」と、多くのもっと口汚い人からはののしられたと思う。長い、曲折に富んだ経路をふり返るとき、いつも私は私自身を馬鹿だと思うのだ。明らかに何かが始めから私には欠けていた。なんらかの程度にたいていの人々にそなわっているある平衡感覚が私には欠けていたのだ。私には知的な頭脳はあったが、それは人生の日常の問題の処理には何の役にもたたなかった。

（『前掲書』）

大学での挫折、退学、母親をはじめ相次ぐ肉親の自殺や死にみまわれるという喪失感、家業の破産、苦悩と矛盾を背負った行乞の日々など……、山頭火の生い立ちや、その後の生きざまを見るにつけ、ライクロフトのことを、「彼は私ではあるまいか」と書いた心情が伝わってくるようです。様々な矛盾と苦悩を抱えながら生き続けてきた山頭火にとって、ギッシングの作品は深い共感と自信を与えてくれるものであったのでしょう。

得難い出会いが、そこにありました。

山頭火は、自分も自分の随筆を書きたい、そこで自分の真実を表現したい、と決心しています。そして自らの孤独についてあらためて見つめ直すのでした。

先の山本周五郎にとってストリンドベリイがそうであったように、山頭火にとってはギッシングが掛け替えのない人生の伴走者であったことがうかがえます。

ウォーレン・シュミットとタンザニアの少年の物語

これまでさまざまな出会いのかたちを見てきましたが、ここではあるアメリカ映画から、リタイアしたあるアメリカ人男性と、遠く離れたタンザニアの少年の感動の物語を取り上げます。

原作はルイス・ベグリー、映画の題名は『アバウト・シュミット』、監督アレクサンダー・ペイン、主演ジャック・ニコルソンで、この作品は二〇〇三（平成十五）年のアカデミー賞候補ともなったものです。

まずストーリーの概略を紹介しておきますと、主人公のウォーレン・シュミットは一流保険会社を退社したばかりの男性、六十六歳。退職直後、自分の居場所がなくなったシュミットは、自分がいかに会社に依存してきた仕事人間であったかに気づき、愕然とします。やがて妻ヘレンの突然の死に遭遇、一人娘のジーニーはシュミットにとって最も気に入らないタイプの男と突然結婚してしまいます。

仕事、そして家族、そのすべてを一瞬にして失ったシュミットは、これまでの自分の人生とはいったい何だったのか、自分はこの社会に何を残したのかと自問しつつ、深い孤独の闇に落ち込みます。

そんなある日、シュミットのもとに一通の手紙が届きます。それは彼が退職直後テレビのCM

を見て応募したあるチャリティ団体を通じてスポンサーとなった、アフリカの恵まれない少年ンドゥグからのものでした。正確に言えば、アフリカのタンザニアで奉仕活動をしている女子修道会のシスターからのものでした。

それによると、ンドゥグは六歳の孤児で、とても頭が良くて情愛深い少年で、「彼は、毎日あなたの幸せを祈っています」と書かれ、まだ読み書きができないンドゥグの描いた絵が同封されていました。それはシュミットが書いた手紙と彼の善意へのお礼でもありました。

その絵は、彼にとって全く予想もしていなかった最高の贈り物でした。その絵を見たシュミットは深い感動に包まれます。その絵はシュミットとンドゥグと思われる大人と子どもが並んで手をつないでいる様子を描いたものでしたが、素朴ながら、深いメッセージを伝えるものでした。

シュミットの目から涙が溢れます。温かい涙でした。圧倒的な感動がシュミットを新たな気付きへと誘います。「自分の人生には何も存在しなかったのではなく、存在した意味ある人生をいま歩もうとしているのだ。それはカネやモノによる豊かさとは全く別物の豊かさなのだ。それこそ本当の豊かさで、人生を意味あるものにしてくれるものなのだ」と。

シュミットは自分が善意を贈った相手の小さい男の子から或いは彼との関わりから大切なものを教えられたのでした。人のために何か役に立つということは、自分が必要とされているということであり、自分にとっても大きな意味を持つことになるのです。

人にとって快いことは、自分にとってもまた悦びであると言えます。それはまた、人と人との交わりの深さにもつながります。

シュミットとンドゥグのことを思いながら、私は友人が関わってきたラオスの子どもたちへの支援活動のことを思い出しました。定年退職後の高校時代の親しい仲間たちとの歓談の中でその話が提起され、活動が始まりました。その中の一人が、在職中ラオスでの勤務経験があったのでした。活動の主たる目的は、恵まれない教育環境にあるラオスの子どもたちのために、学校をつくることでした。同窓生を中心に活動は広がっていきました。私はその話に共感を覚えつつ、何よりそのことを語る彼の言葉と目の輝きが印象的であったこと覚えています。それも、「必要とされることへの悦び」のゆえでしょうか。

今でも世界各地で紛争や戦争が絶えません。そのたびに多くの難民が生まれ、孤児が生まれます。そんな光景を見るにつけ、シュミットの小さな善意が感動を呼びます。

シュミットは、直接の対面は叶わなかったけれど、ンドゥグと出会い、深く結ばれることによって生まれ変わることができたのでした。

一見、奇縁とも思われる二人の出会いでしたが、出会いの不思議、出会いの喜びの深さを感じさせる感動の物語です。

私は最近読んだ経済学者橘木俊詔氏の著書で、気になる一節に出会いました。橘木氏は現代日本の格差社会を論じ、「心豊かで幸せな生活とは何か」を問いかけながら、幸せな人生を送るための心掛けへの提言を語っています。

そのなかから多少要約しながらいくつか拾ってみると、「他人との比較をしない」「多くを、そして高くを望まない」「何か一つ打ち込めることを」「他人を支援し、他の人の幸せに思いを馳せること」などが、心に残りました。（『新しい幸福論』）

そのフレーズに、ウォーレン・シュミットの姿が重なります。

アリアナ・ハフィントンと〝事件〟

アメリカのジャーナリストで、「世界で最も影響力のある100人」にも選ばれた、アリアナ・ハフィントンが、ある大きな〝事件〟に遭遇し、それが彼女の人生を大きく変える事態に至ったことは世界を驚かせ、大きな関心を呼びました。

その事件とは何だったのか、彼女の語るところを聞いてみます。

2007年4月6日、その朝、私は自宅にあるオフィスの床に血まみれで倒れていた。倒れるときにデスクの角に頭をぶつけて目元が切れ、頬骨を骨折していた。気絶したのは疲労と睡眠不足のせいだった。この一件のあと、私は何人もの医師を訪れ、脳MRI検査やCTスキャンや心エコー図検査を受けた。気絶したのは疲れていたせいだけでなく、ほかに悪いところがあるからではないかと心配だったからだ。悪いところはなかったが、病院の待合室で過ごした時間は、自分のあり方に多くの疑問を投げかけるチャンスになった。

（『サード・メトリック』）

ハフィントンは一九五〇（昭和二十五）年ギリシャのアテネ生まれ、ケンブリッジ大学で経済学を学びます。後にニュースサイト「ハフィントンポスト」を創設して以来、週七日、一日十八時間労働という過酷な現実を乗りこえ、事業は急速なスピードで成長していき、「世界で最も影響力のある100人」の一人にも選ばれました。

しかし、先の転倒事件の後、果たしてこうした生き方が成功なのか、それが望んでいた人生なのかという深い疑問に直面することになります。こう見てくると、先の一件は事故ではなくて、まさしく〝事件〟であったと言えるように思います。

従来の成功の尺度、つまりお金と権力という面からみれば、自分はとても成功していた。けれど本当の意味での成功の定義からみれば自分の人生は成功していなかった、と言います。「何かを徹底的に変えなければいけない、このままではいけない――。典型的な〝覚醒体験〟だった」と語っています。

そして、「成功を再定義しよう――〈金と力〉より大切なものがある」、そう彼女は確信したのです。

一般的には成功の概念は金と権力ということになっています。しかし、長期的に考えれば、金と権力だけでは二本足のスツールに座っているようなもので、しばらくはバランスが取れても、最終的には倒れてしまいます。そして妥協する人生でなく、真に望む人生、生きる価値ある人生を生きるためには、〝サード・メトリック（第三の価値観）〟が必要である。成功の二つの基準、つまり金と権力に囚われない三番目の基準が必要で、それを構成するのは、つまり、幸福《ウエルビーイング》、知恵《ウィズダム》、不思議《ワンダー》と驚き、与えること《ギビング》、この四つの柱です。

ハフィントンは以上のように語っています。

本当に豊かに生きるとはどういうことか。ここに引いた言葉は、〝タイパ〟（タイム・パフォーマンス＝時間効率）が喧伝される現代に生きる人々への示唆に富むメッセージです。

そして、ハフィントンはその著『サード・メトリック』の結びで、こう語っています。

忘れないようにしよう。この世界はもっと金を稼げ、もっと出世しろと促す強烈で派手で大音量のシグナルであふれている。そして、自分の本質を見失わず自分をいたわり、他者に手を差し伸べ、不思議や驚異に目を見張り、全てが可能な場所との結びつきを失わずにいることの大切さを思い出させてくれるサインはないに等しい。（中略）

あなたが立つ場所を見つけよう――あなたの知恵と安らぎと強さの場所を。その場所から、貴方の思い描く形に世界を作り変えよう。あなた自身の成功の定義に従って。総ての人が――女性も男性も――本当に豊かになれるように、多くの恩寵と悦びと思いやりと感謝、そして愛とともに人生を生きることができるように。

一つの事件との出会いが、ハフィントンの人生を大きく変えました。ハフィントンの発信は、世界に伝わり、人々が時代を見つめ、それぞれの生き方を振り返る大きな契機となったのです。

ハフィントンのサード・メトリック（第三の価値観）というキーワードに接するとき、私はあの世界的ベストセラー、ミヒャエル・エンデの『モモ』のことを思い出しました。

『モモ』という作品は、童話というスタイルをとりながら、多忙を極め、生きる意味を見失った現代人全体に対する語りかけとなっています。日本で百万部以上売れたという事実も、それを証明するものでしょう。『モモ』は、世界の多くの国で翻訳され、出版されています。日本では、本国ドイツに次ぐ発行部数を誇っています。

『モモ』の原作者、M・エンデは、『モモ』が幅広く受け入れられた背景についてこう語っています。

> 『モモ』は社会的な問題を、今までのように外側からではなく、内的な視点からとらえたので、新鮮に感じられたのだろうと思います。ただ誤解しないでもらいたいのですが、ここで言う時間は自由時間のことではありません。灰色の男が奪う時間とは、人間の内面的な生活や意味なのです。現代の産業社会は、測定可能なものにばかり価値を見いだします。しかし、生活の質というものは測れるものではありません。今は生活のなかで、測れる量的なものは増えているが、質的なものは減ってきています。
>
> （「読売新聞」一九九二年一一月二七日夕刊）

エンデが、人間の「内面的な生活や意味」、そして「生活の質」ということの重要性について語るとき、それは、まさにわたしたちがこれまで見てきたいくつかのキーワード、たとえば《自分の人生》《簡素な生活》《人生の意味》《もう一つの座標軸》《第三の価値観》などという言葉と、深く響きあうように思われます。

先日、エンデの『モモ』にふれたある新聞記事を目にしました。そこで独立研究者の山口周氏はこれまでとは違う物差しで、生活の豊かさを問い直してはどうかと問いかけています。

そもそも、右肩上がりで経済成長を続けた時代は終わり、今は「微成長」の時代に入っています。そこで旧態依然の経済成長の高い目標を掲げ、激しい競争に人々を強いるのは不毛であり不幸です。

ほぼ安定的な状態が続くような局面を私は「高原社会」と呼びました。日本はいまその入り口にいます。

ドイツの作家ミヒャエル・エンデの小説『モモ』には、カシオペイアという亀がでてきます。「スロー（ゆっくり）」の象徴とみられるカメを「ファスト（速い）」の象徴である「時間泥棒」の男たちが追跡しきれない場面がある。

日本は今後次第ではこのカメが象徴するもの、スローな高原社会の新しい価値観を示せる先頭走者になれるのではと思います。

スローダウンし、大きな経済成長をのぞめない高原社会で豊かに生きるとは、を構想したい。成長は必要ですが、ＧＤＰや一人当たり国民所得といった経済成長をはかる物差しよりも、むしろ文化資本の蓄積や個人の幸福率、余暇の充実など、これまでとは違う物差しで、人々の生が豊かになっているかの成長率をはかればいいのです。

（傍点筆者　「朝日新聞」二〇二三年十二月二十七日）

「これまでとは違う物差し」という言葉は、すでに見てきた「もう一つの座標軸」「サード・メトリック」という言葉と重なります。

考えてみると、わたしたちの生きてきた時間は、何かのために何かを犠牲にするという側面を色濃く持っていたと言えないでしょうか。たとえば組織のために自己を、外的適応のために内的世界を、未来のために現在を、そして測定可能な量のために測定不能な質的なものを。

もちろん、仕事に真摯に取りくむこと、ある目標のために努力を重ねること、そのこと自体は重要なことです。しかし、何かしら疑問を感じつつ、あるいは自分の意志に反して、あるいはまた自身では意識しないまま、何かのために自分のすべてを、いまという時間のすべてを犠牲にしているということはないでしょうか。

とすれば、わたしたちはいま、自分たちの生活や文化、そしてそれを支配してきた価値観を相対化する「視点」を持つこと、そしてまた、これまでは曇りがちの、あるいは閉ざされた視界のなかでよく見えてこなかったけれど、いま「ある」自分、「いまここにいる」自分という存在の意味、その重さにもう一度眼を向ける必要があるのではないか。自分が生きているという現実、その意味の重さに気付かせる契機となるもの、それは繰り返し述べてきた《もう一つの座標軸》を持つことでもあります。

そのことは、「もう一つの時計」を持って生きると言ってもいいでしょう。時刻を刻む時計と、時刻を刻まない時計と。つまり、日常的には「時計の時間」を生きつつ、一方で、「時計のない時間」をつくり出すことです。

自分はいまどこにいるのか、自分は本当の自分の人生といえるものを生きてきたのか、自分が生きられなかった生き方があるのではないか、とふとわたしたちが疑問を感じる時、ここで出会った言葉やキーワードの一つ一つが、わたしたちの内部に静かに、しかし深く浸み入ってくるのではないでしょうか。まさに言葉との出会いが、人生の豊かさにつながると言えます。

あとがき

多くの人物に出会いました。

そしてそれぞれの多彩な出会いの物語に遭遇しました。

執筆を続けつつ、まさに「出会いこそ人生だ」という実感を強くしたのでした。

冒頭で、出会いについて語った井上靖の言葉を引きましたが、ほかにも実に多くの人が出会いについて語っています。もちろん、そうした著名人たちに限らず、人それぞれに掛け替えのない出会いの人生の物語があるはずです。

過日、執筆中の本書について友人と話した際に、多くの出会いの物語を綴った君自身の最大の出会いは何かと問われました。私は即座に河合隼雄さんの名前を挙げました。その無名の頃からの長い付き合いの中でさまざまなことを学び、影響を受けた河合さんと過ごした至福の日々が鮮明に甦ってきたのでした。友人は、その掛け替えのない出会いのことを書いてみてはどうかと勧めてくれました。

そこで、先の河合隼雄さんのところで少しふれましたが、以下では僭越ながら私自身の出会いについて少々書いておきたいと思います。

多くの方々と同様、私は学生時代、社会人、大学教師、そして退職後の執筆活動を通じて多彩な人々との出会いを経験してきました。得難い感動もいただきました。そのなかで、とくにＮＨ

K時代に出会い、感銘を受け、その後の人生に影響を受けた方々について思い出すまま挙げてみると、河合隼雄（以下、敬称略）、中村元、大塚久雄、岡本太郎、立川昭二、霜山徳爾、松本三之介、松本清張、大江健三郎、上山春平、加藤周一、加藤秀俊などの諸氏のことが心に残っています。また転勤先でも多くの方々と出会いましたが、例えば陶芸家に限って見ても加藤卓男、十三代今泉今右衛門、十三代中里太郎衛門、中島宏、青木龍山、十四代沈壽官さんら、ほぼ人間国宝クラスの陶芸家の方々の名前が思い浮かびます。これら当代を代表する陶芸家たちから直接伺った言葉や生き方からは多くの感銘を受けました。

また、長年の墓地逍遥のなかでは、多くの著名人たちとその名言にも出会いました。一方で、こうした著名人たちの墓碑を訪ねながら、どうしても気になったのが無名の人々の墓碑です。ふだん通り過ぎてしまいそうな無名の墓碑に、深く心に届く言葉やメッセージがありました。それはかつて拙著（『墓碑をよむ』）でも取り上げましたが、その幾つかを挙げておきます。

まず、心に残った句を二句ほど。

天晴れて太平洋にざこを釣る

老いていま過不足もなし古茶淹るる

この、タイパ（時間効率）が喧伝される時代、大物ばかり狙わずに、太平洋で雑魚を釣る、そうした悠悠たる人生もあってもいいのではないか、と思わせる先の句、老いの日々をいとおしみながら、おだやかに過ごす時間の流れを感じさせる後の句、いずれも心に深く届くものでした。

　またある時、墓碑全面に大きく刻された「ゆるり」という言葉に出会い、強く惹かれました。それは、せわしなく急ぐこの時代の人々に、「急がなくてもいいんだよ、自分の歩幅でもう少しゆっくり歩こうよ」と、やさしく語りかけているように思えました。それは、他の墓碑の正面に大きく刻された「泰」「游」「三昧」「Que será, será」などの言葉に通じるものでした。それは先の句とどこか響き合うものでもありました。また、墓碑正面に大きく刻された「泡沫」という言葉にも出会い、その迫力のある文字から感動と励ましを受けました。通常、泡沫という言葉にはネガティブなイメージがありますが、この墓碑は、〝わが人生は泡沫の人生なり、されど豊かなる泡沫の人生なりき〟と語っているように思えました。

　もう一つ、とてもユニークな墓碑に出会いました。たまたま遭遇した和型のその墓碑正面には、大きく「私のおじいちゃまの墓」と刻され、その横に小さく、「八歳　横尾しずか」と書かれ、得も言われぬ温かい空気が漂っているように思えました。それにしても、こんなお墓を建てた人はどんな人だろう、と知りたくなり、横尾しずかさんを尋ね当て、お話を聞くことができました。墓碑建立当時八歳であったしずかさんは五十二歳になっておられました。お話によると、この墓は、おじいちゃん子であったしずかさんの思いを汲んだ祖父信次郎さんが、生前、しずかさんが書いたこの文字を刻した独特の墓を建てたことが判りました。祖父と孫の心の通い合い、それを見守る父と母の眼差し、そんな心温まる家族の風景が墓碑から伝わってきました。

こうした無名の人々の墓碑の言葉は、漢字一文字、二文字から辞世の句や歌、そして短い詩やフレーズなど様々ですが、時として著名人のいわゆる名言や語録に劣らない、深い感銘を受けるものに出会います。言葉の重さ、文字の力に驚かされます。

こうした言葉との出会いもまた、かけがえのないものとして心の奥深くに残っています。

ただ、こうした出会いを語っていくと際限なく続きますので、ここではＮＨＫ時代からリタイア後を含めて三十年以上の交誼の機会に恵まれた河合隼雄さんとの奇縁について書くことにしました。

数多の出会いの中で、それが突出して掛け替えの無いものであるからです。

ＮＨＫ時代、番組の制作に関わる中で、私はかなり早い時期から河合さんの研究と業績に注目し、それをテレビを通じて広く一般の人々と共有したいと思っておりました。そして、当時担当していた『大学講座』という番組に、是非とも河合さんに登場願いたいという思いを強くしました。この番組は、現在の『ＮＨＫアカデミア』に近い番組です。多彩な著名人たちが登場していました。

ただ、一般には当時ユング心理学や河合さんに対する理解はそれほど広くなく、河合さんの場合、論文は別として一般向けの教養書もわずかなものでした。学会のなかでも、ユング心理学や臨床心理学は未だマイナーな存在であり、一般には河合さんの知名度も極めて低いものでした。

したがって、企画（「無意識の構造」）を通すのも容易ではありませんでした。何しろ、知名度の問題に限らず、必要に応じてゲストを招《よ》んだり、資料や映像を的確に活用することはあっても、ひとりの講師に長期間（三ヵ月〜六ヵ月）の講座を依頼するのですから、慎重にならざるを得ないのはやむを得ないことです。

私は、河合さんの業績について語りながら、これは単なるユング心理学入門や、臨床心理学概論ではなく、「無意識」をキーワードにした新しい人間学であり、日本社会論や日本文化論、そして日本人の精神史につながるものであり、極めて今日的なテーマでもあることを力説しました。

因みに、私と河合さんが共有した番組の意図と背景について、河合さんは後日こう書いています。

西洋において確立された科学的合理主義の精神は、自然科学の画期的な発展とともに、全世界の人々に対して強い影響力をもつようになった。それは「先進性」を測る尺度としてさえ受けとめられるほどになったが、最近になって、それに対する強い反省が生じてきた。現在われわれは、科学的合理主義を、あるひとつの見方として容認しつつも、それを唯一絶対のものとしてではなく、もっとトータルな視点を以て、人間なり世界なりを見直そうと努めはじめている。

このような観点からすると、無意識は、うさんくさく異常なものの集積された領域としてではなく、われわれの意識の一面性に対して、全体性の回復をもたらす可能性に満ちた領域であると考えられる。従って、ここに無意識の構造を探るこころみは、トータルな存在としての人間の生き方の探索へとつながってくるのである。
このような問題意識がもたれた故か、（中略）ＮＨＫテレビの大学講座で、「無意識の構造」を放映するように要請を受けた。一般の心理学は科学的合理的枠組みの中に構築されており、その壮大な体系の片すみに、われわれ無意識の心理学を扱うものが存在しているが、それをあえて大学講座に取り上げられたことは、前記のような考察が働いているためと思われる。

（『無意識の構造』）

正式に企画の採択が決まり、制作がはじまりましたが、何しろ毎週二回の放送で三ヵ月分の制作作業はそれなりの労力がともなうものとなりました。私は同僚と二人で担当しましたが、収録は東京の放送センターで行いましたので、関西に住む現職京大助教授（当時）の河合さんにとってはかなりハードであったと思われます。
ただ確実に言えることは、河合さんにとっても私どもにとってもこの制作作業が、実に楽しく充足感をともなうものであったことです。ある時は東京で、ある時は京都大学で、ある時は奈良西大寺の河合さんのご自宅で番組の内容や構成、素材やゲストなどの打ち合わせに過ごした時間は、今考えると実に贅沢な時間であったと思います。ややもすると話は本題から離れ、気俣な歓談へと飛翔していくのでした。その脱線がたまらなく楽しかった。河合さんの研究内容もさることながら、何しろその話題の豊富さ、関心領域の広さ、そして人柄の良さに深く惹きつけられたのでした。

この番組は放送開始以来圧倒的な反響を頂き、注目されるところとなりました。関連のテキストも早々に売り切れとなりました。途中から視聴した人も多く、再放送の希望が多く寄せられました。そこでわたしたちは再放送ではなく、続編を制作することにしました。まだまだ前シリーズで採り上げ切れなかったテーマや素材が数多くあったからでした。続編の制作などというのはこの大学講座という番組にとっては異例のことでした。続編は週一回の放送で六ヵ月間という長丁場の放送でした。前シリーズと同様、番組は好評で、〝河合ファン〟は全国に広がっていきました。未だ一般向けの河合さんの著作がそれほど多くなかった当時、テレビの影響力は絶大でした。全国各地から講演依頼が殺到しました。

最初の放送は、その後中公新書の一冊（『無意識の構造』）として出版化され、五十年近くを経た現在も広く読まれ、初版が五十三刷、新版が七刷で合計六十刷を数えるロングセラーとなっています。序《つい》でに言えば、私が企画制作した番組では、新書としてはこのほかに霜山徳爾著『人間の詩と真実』（中公新書）、大塚久雄著『社会科学における人間』（岩波新書）、笠原嘉著『不安の病理』（岩波新書）などが出版化されています。そのほか、同僚の制作した番組の出版化も相次ぎました。

後に出版界では新書ブームが起きますが、当時は教養新書としては上記の岩波新書、中公新書のほかに講談社現代新書の三種類しかなく、いずれも時代を代表する教養書として広く読まれていました。その中にテレビ番組の出版化されたものが相次いで加えられたということは、活字に比べて後発のメディアであったテレビの教養メディアとしての評価の高さを物語っているともいえます。

その後私は河合さんが関わることのない多様な番組も多数制作しましたが、河合さんとの歓談の中から得たテーマや素材を基にした四十五分番組、あるいは一時間の教養番組も多数制作しました。谷川俊太郎さん、大江健三郎さん、松本清張さんらをゲストに迎えた番組では、河合さんの座談の名手としての手腕がいかんなく発揮され、記憶に残るものとなりました。また、後にノーベル賞を受賞し、テレビの出演が増えた大江さんでしたが、当時はテレビには出ない人というのが通説となっていました。しかし、説得を重ね、河合さんとお会いできるならということで、出演を快諾していただきました。河合さんの研究や著作などに深い関心をお持ちだったことの証左でしょう。私は打ち合わせなどで世田谷区成城の大江さんのご自宅に幾度か伺いましたが、それは極めて知的刺激に満ちた時間であり、大江さんの人柄とともに、記憶に残るものとなりました。

その後河合さんはさまざまな番組に出演され、そしてまた精力的な著作活動を展開されたことは周知のとおりです。

河合さんの大学講座についての記述がいささか冗長に過ぎたかもしれませんが、それはこれが河合さんの最初のテレビ出演で、それがユングや無意識の心理学、そして独自の日本文化論、日本人の精神史について多くの人々が注目する契機となったものであり、河合さんがかねがね最も記憶に残る番組であったと語っていたからです。

河合さんとの付き合いが長くなるにしたがって、それは一制作者と出演者という関係を超えて、人としての厚い信頼関係へと深化していきました。私がＮＨＫを定年退職して大学教育に関わるとき、また大学を定年退職して執筆活動にはいるときなどの節目でも、適切な助言と温かい励ましをいただきました。また、折に触れて国際日本文化研究センター所長室や文化庁長官室を訪ね、歓談の機会を得ました。そしてその後の私の執筆活動ではさまざまなテーマを取り上げましたが、その背景に河合さんと過ごした時間の蓄積が生きているように思われます。

以上、少々長くなりましたが、そのこと自体、私の人生において河合さんとの出会いがいかに大きいものであったかを物語っています。

のちに河合さんはＮＨＫ放送文化賞を受賞していますが、その後お会いしたとき、私との、そして制作した一連の番組との出会いが、河合さんにとってもいかに大きいものであったかをしみじみと語られ、深い感銘を受けました。

先にも書きましたが、人それぞれに掛け替えのない出会いがその人生を彩ったことと思います。それは人との出会いであり、風景や自然との出会いであり、はたまた事件や機会との出会いであったりします。それはまた、芸術作品や言葉との出会いであり、人それぞれが自身の物語を紡ぐかけがえのない素材ともなります。

人は誰しもある時期に自身の人生を振り返るときがあります。そんな時、出会いを切り口にそれをまとめ、書き記してみてはどうでしょう。それは自身を見つめ直し、自分の人生を肯定し、そして新たな一歩を踏み出す契機ともなると思います。

本書では多くの人物を採り上げましたが、取材ノートにはまだまだ多彩な出会いの物語が残されました。紙幅の関係で割愛せざるを得なかったことが少々心残りです。

本書執筆に際しては多くの方々のお世話になりました。

先ずは日ごろの気佋な歓談の中で、さまざまな知的刺激を与えてくれた友人知人たちに感謝の意を表します。とくに、執筆に際して快く相談に乗り、的確で丁寧な示唆を与えてくれた友人に深甚の謝意を表したいと思います。

また、表紙カバーの絵は、前著に引き続き、日本芸術院会員の藪野健画伯にお願いし、快諾していただきました。藪野さんには、これまで拙著の表紙絵や扉絵を幾たびかお願いし、読者の方々から好評をいただいてきましたが、今回もまた素晴らしい作品を提供していただきました。

絵についてはもちろんですが、藪野さんとの自由闊達な談論風発の時間は掛け替えのないものとなっています。また、藪野さんからしばしば届く絵とエッセイのメールも大きな楽しみの一つです。

余談ですが、先頃刊行され、話題となった現天皇の新刊『テムズとともに』（紀伊國屋書店）の扉絵も、藪野画伯によるものです。先の天皇訪英の際、この扉絵と、陛下との交友も話題となりました。

また、展望社社長の唐澤明義さんにも大変お世話になり、背中を押していただきました。藪野さんと同様、唐澤さんとの気促な歓談も至福の時間となり、楽しみの一つとなっています。

なお、執筆の際の引用に当たっては、読みやすさに配慮して、可能な限り新字、現代仮名遣いに改めたことをお断りしておきます。

本書の初めに、唐の詩人于武陵《うぶりょう》の詩「勧酒」にある、〈「サヨナラ」ダケガ人生ダ〉という一節（井伏鱒二訳）を引きました。心に残るフレーズです。一方で、その「サヨナラ」は「出会い」があってはじめて語れる言葉です。そう考えると、「出会いこそが人生だ」という言葉には一層深い味わいがあるように思います。

二〇二四年初夏

夏富士の遠望を愉しみつつ

東京都府中市の寓居にて

立元幸治

参考文献

井上靖『わが一期一会』毎日新聞社（一九七五）
『高倉健メモリーズ』キネマ旬報社（二〇一五）
佐藤忠男『映画で日本を考える』中日映画社（二〇一五）
カーロン愛弓『父・鶴田浩二』新潮社（二〇〇〇）
キネマ旬報社編『日本映画人名事典』男優編、女優編、監督編　キネマ旬報社（一九九五〜七）
『三島由紀夫全集』決定版　新潮社（二〇〇三、二〇〇四）
殿山泰司『三文役者あなあきい伝』ＰＡＲＴⅠ、ＰＡＲＴⅡ　筑摩書房（一九九五）
新藤兼人『三文役者の死・正伝殿山泰司』岩波書店（一九九一）
吉村公三郎『映画監督吉村公三郎書く、語る』ワイズ出版（二〇一四）
『中勘助全集』岩波書店（一九八九〜一九九一）
渡辺外喜三郎『中勘助随筆集』岩波書店（一九八五）
笠智衆『俳優になろうか』日本経済新聞社（一九八七）
佐藤忠男『映画俳優』晶文社（二〇〇三）
ＮＨＫスペシャル編『拝啓笠智衆様』ＰＨＰ研究所（一九九四）
神戸新聞社編『わが心の自叙伝　映画・演劇編』神戸新聞社総合出版センター（二〇〇〇）
澤地久枝『男ありて——志村喬の世界』文藝春秋（一九九四）
斎藤茂太『茂吉の体臭』岩波書店（一九六四）
斎藤茂太『精神科医三代』中央公論社（二〇〇六）
『吉井勇全集』番町書房（一九六三〜四）
「短歌研究」二〇一四年五月号　短歌研究社

＊本文中に明記・引用したものの一部は除外しました。

『鈴木大拙全集』岩波書店（一九九九～二〇〇三）
岡村美穂子・上田閑照『大拙の風景――鈴木大拙とは誰か』燈影舎（一九九九）
鈴木大拙『禅と日本文化』岩波書店（一九七四）
『私の履歴書』文化人4、17日本経済新聞社（一九八三、八四）
森清『大拙と幾多郎』岩波書店（二〇一一）
『西田幾多郎全集』岩波書店（二〇〇三～七）
上田閑照『西田幾多郎――人間の生涯ということ』岩波書店（一九九五）
塩沢実信『文藝春秋編集長――菊池寛の心を生きた池島信平』展望社（二〇〇五）
池島信平『雑誌記者』中央公論社（一九七七）
小林勇『人はさびしき』文藝春秋（一九七三）
文藝春秋出版部編『文学よもやま話　池島信平対談集』上、下　恒文社（一九九五）
谷川徹三編『回想　小林勇』筑摩書房（一九八三）
西郷隆盛全集編集委員会編『西郷隆盛全集』第一～六巻、一九七六～八〇年、大和書房
勝海舟著、江藤淳・松浦玲編『氷川清話』講談社（二〇〇〇）
林田愼之助『漢詩のこころ 日本名作選』講談社（二〇〇六）
美濃部達吉『憲法講話』岩波書店（一九一八）
橋川文三編『近代日本思想大系36昭和思想集』Ⅱ　筑摩書房（一九七八）
『河合栄治郎全集』第12巻「時局と自由主義」社会思想社（一九九一）
新渡戸稲造『武士道』岩波書店（一九三八）
矢内原忠雄『内村鑑三と新渡戸稲造』日産書房（一九四八）
矢内原伊作『矢内原忠雄伝』みすず書房（一九九八）
鴨下重彦編『現代に求められる教養を問う』to be 出版（二〇〇五）

玉木英彦・江沢洋編『仁科芳雄　日本の原子科学の曙』みすず書房（一九九一）
『朝永振一郎著作集』みすず書房（一九八〇）
松井巻之助編『回想の朝永振一郎』みすず書房（一九八〇）
小笠原清・梶山弘子編『映画監督　小林正樹』岩波書店（二〇一六）
「キネマ旬報」一九六二年五月上旬号
『会津八一全集』中央公論社（一九八二〜四）
『新装日本の詩歌』17　中央公論新社（二〇〇三）
串田孫一編『尾崎喜八詩集　世界の詩54』弥生書房（一九七五）
尾崎喜八「尾崎喜八詩文集」6（一九五九）創文社（一九五八〜五九）
（尾崎喜八の作品は、インターネットサイト「詩人尾崎喜八」でも読むことができます）
重本恵津子『花咲ける孤独』──評伝・尾崎喜八』潮出版社（一九九五）
橋川文三『西郷隆盛紀行』朝日新聞社（一九八一）
橋川文三『橋川文三著作集』3　筑摩書房（一九八五）
渡辺京二『渡辺京二評論集成1日本近代の逆説』葦書房（一九九九）
山田尚二・渡辺正共編『増補　西郷隆盛漢詩集』西郷南洲顕彰会（二〇〇八）
H・D・ソロー著、飯田実訳『森の生活』上、下　岩波書店（一九九五）
H・D・ソロー、E・ポーター『野性にこそ世界の救い』酒本雅之訳 森林書房（一九八〇）
『野上弥生子全集』岩波書店（一九八〇〜八二）
小池真理子選『精選女性随筆集10中里恒子、野上弥生子』文藝春秋（二〇一二）
渡辺澄子『野上弥生子　人と文学』勉誠出版（二〇〇七）
岩橋邦枝『評伝野上弥生子──迷路を抜けて森へ』新潮社（二〇一一）
堀内敬三『夢の交響楽』音楽之友社（一九九八）

堀内和夫『「音楽の泉」の人堀内敬三――その時代と生涯』芸術現代社（一九九二）
『藤原義江――流転七十五年　オペラと恋の半生』主婦の友社（一九七四）
『河合隼雄著作集』全十四巻』岩波書店（一九九四〜九五）
河合隼雄『河合隼雄自伝』新潮社（二〇一五）
河合隼雄『無意識の構造』中央公論社（一九七七）
柳宗悦『柳宗悦コレクション(2)　筑摩書房（二〇一一）
柳宗悦『新編　民芸四十年』筑摩書房（二〇二三）
石田修大『幻の美術館　甦る松方コレクション』丸善株式会社（一九九五）
矢代幸雄『芸術のパトロン』中央公論新社（二〇一九）
『火輪の海――松方幸次郎とその時代』）神戸新聞総合出版センター（二〇〇七）
「芸術新潮」二〇〇九年二月号　新潮社
吉川竜子『日赤の創始者佐野常民』吉川弘文館（二〇〇一）
ルトガー・ブレグマン著、野中香方子訳『Humankind　希望の歴史』（上・下）文藝春秋（二〇二一）
徳川夢声『いろは交友録』ネット武蔵野（二〇〇四）
徳川夢声『放送話術二十七年　人間の記録』日本図書センター（一九九八）
三国一郎『徳川夢声の世界』青蛙房（一九七九）
小澤征爾他編『斎藤秀雄講義録』白水社（二〇〇五）
東野英心『私説　父物語』株式会社サリュート（一九九六）
日本テレビ編『弔辞　死者をおくる言葉』日本テレビ放送網（一九九五）
「男はつらいよ」愛好会編『さようなら寅さん フーテンの寅さんへの手紙』出帆新社（一九九六）
「読売新聞オンライン」二〇二二年七月七日
「私たちの寅さん」刊行委員会『私たちの寅さん』シーアンドシー出版（一九九六）

渥美清『渥美清　わがフーテン人生』毎日新聞出版（二〇一九）
矢野誠一『舞台の記憶　忘れがたき昭和の名人芸』岩波書店（二〇一五）
森光子『あきらめなかったいつだって』PHP研究所（二〇一一）
大宅壮一『人間の記録179『大宅壮一——自伝』日本図書センター』（二〇一〇）
大宅壮一全集編集実務委員会編『大宅壮一読本』
松ヶ岡文庫編「鈴木大拙没後四〇年」河出書房新社（二〇〇六）
高倉秀三『評伝　出光佐三』プレジデント社（一九九〇）
『私の履歴書　経済人1』日本経済新聞社（一九八〇）
木村久邇典『素顔の山本周五郎』新潮社（一九七〇）
朝日新聞編集部『「週刊朝日」の昭和史』第3巻朝日新聞社（一九八九）
清原康正『山本周五郎のことば』新潮社（二〇〇三）
『山頭火全集』全十一巻　春陽堂書店（一九八六～九一）
『山頭火全集』全八巻　春陽堂書店（二〇二〇）
G・R・ギッシング著、平井正穂訳『ヘンリ・ライクロフトの私記』岩波書店（一九六一）
橘木俊詔『新しい幸福論』岩波書店（二〇一六）
アリアナ・ハフィントン著　服部真琴訳『サード・メトリック』CCCメディアハウス（二〇一四）
M・エンデ著、大島かおり訳『モモ』岩波書店（一九八六）

著者

立元 幸治（たちもと・こうじ）

一九六〇年九州大学卒業後、NHKに入局。主に教養系番組の制作に携わり、チーフ・プロデューサー、部長、局長、審議委員などを務める。主な制作番組に「情報と現代」「近世日本の私塾」「明治精神の構造」「日本の政治文化」などがある。NHK退職後、九州産業大学、東和大学などで「メディア論」や「現代社会論」などの講義と研究に携わり、現在は主に執筆講演活動を展開している。著書に『転換期のメディア環境』（福村出版）『こころの出家』（筑摩書房）『器量と人望』（PHP研究所）『東京多磨霊園物語』『東京青山霊園物語』『鎌倉古寺霊園物語』（以上明石書店）『威ありて猛からず　学知の人西郷隆盛』（新講社）『墓碑を読む～無名の人生が映す、豊かなメッセージ』『人は鹿より賢いのか』『デュオする名言、響き合うメッセージ』（以上福村出版）『還って来た山頭火』『年はとっても、年寄りにはなりたくない』（以上春陽堂）『いま、私たちは幸せに生きているのか～貝原益軒が語る、新・幸福論』（展望社）などがある。

〝出会い〟が人生を創る
〝自分の人生〟の物語を紡ぐ

二〇二四年十一月八日　初版第一刷発行

著　者――立元幸治
発行者――唐澤明義
発行所――株式会社展望社
郵便番号一一二―〇〇〇二
東京都文京区小石川三―一―七
エコービル二〇二
電　話――〇三―三八一四―一九九七
FAX――〇三―三八一四―三〇六三
振　替――〇〇一八〇―三―三九六二四八
展望社ホームページ http://tembo-books.jp/
印刷・製本――株式会社東京印書館
装　丁――後藤裕彦（ビーハウス）

定価はカバーに表示してあります。
落丁本・乱丁本はお取り替えいたします。

ISBN978-4-88546-451-5